Geschenke aus Kräutern & Wildfrüchten

blv

Deko- und Rezeptideen rund ums Jahr

ANKE SCHÜTZ

Inhalt

Vorwort

In meinem wilden Garten

Meinem Vermieter sei Dank, dass ich einen bereits verwilderten Garten übernehmen musste – und ihn nie wirklich zähmen konnte. Dadurch bin ich stolze Besitzerin eines Gierschgartens (der gemeine Gärtner wird jetzt das sonnengebräunte Haupt schütteln), gespickt mit Gundermann, Knoblauchrauke, Brennnessel und Holunderbäumen. Hier und da hat sich eine Malve, eine Königs- oder eine Nachtkerze breitgemacht – und der Kartoffelrose ist sowieso kaum Einhalt zu bieten.

Ich muss sozusagen nur vor meine Haustür treten, um den Köstlichkeiten der Natur zu begegnen. Ein Walnussbaum steht gleich hinten im Feld, der Haselnussstrauch wächst auch um die Ecke – und alles andere entdecke und ernte ich auf meinen Streifzügen durch Feld und Flur. Natürlich immer nur für den Eigenverbrauch und mit Respekt vor dem, was da wächst und gedeiht.

Lassen Sie sich von meinem Buch inspirieren, auf Ihren Spaziergängen – sei es im Wald, auf Wiesen oder im Stadtpark – Augen und Nase offen zu halten. Schauen und schnuppern Sie, um eine üppige Vielfalt an Pflanzen zu entdecken, die uns ernähren oder sogar heilen können. Die Wildkräuter sind so viel reicher an Vitaminen, Mineralien und Spurenelementen als unsere herkömmlichen Gemüse- und Salatzüchtungen, dass sie eine sehr gesunde Erweiterung unseres Speiseplans bieten. Und sie werden sehen: Die Pflanzen haben eine so beeindruckende Formenvielfalt und Ausdruckskraft, die einfach zum Dekorieren verleiten! Für mich ist es immer eine Freude, meinen Lieben hier und da ein selbst gemachtes Gelee oder Chutney zuzustecken oder Freunde bei einer Essenseinladung mit hübschen Deko-Ideen willkommen zu heißen. Dabei muss es gar nicht so aufwendig sein – auch die kleinen, unspektakulären Dinge erfreuen das Herz.

Ich wünsche Ihnen viel Freude beim Lesen und Durchblättern meines Buches und vor allen Dingen Mut, der eigenen Inspiration zu folgen. Lassen Sie Ihrer Kreativität freien Lauf, kombinieren Sie munter drauf los und probieren Sie einfach aus, was Ihnen gefällt – es wird sich lohnen. Der Umgang mit Materialien aus der Natur ist sehr beglückend – versprochen!

Mit kräutergrünen Grüßen,

Anke Schütz

Bevor es losgeht …

Aus **Kräutern und Wildfrüchten** lassen *sich kulinarische Genüsse und herrliche Deko-Ideen* **kreieren!**
Damit das gelingt, sind ein paar Dinge zu beachten …

Wissen, das schützt

Sammeln Sie Wildpflanzen nur an Orten, die abseits von Straßen und konventionell landwirtschaftlich genutzter Flächen liegen. Das können Grün- oder Brachflächen, Uferböschungen, Wälder, Wiesen und Feldränder sein – oder ihr eigener wilder Naturgarten.

Grundsätzlich sollten Sie nur Pflanzen sammeln, die Sie eindeutig identifizieren und zuordnen können. Neben den vielen köstlichen Wildkräutern und -beeren gibt es einige, die ungenießbar oder sogar giftig sind. Und: Finger weg von Pflanzen, von denen Sie nur wenige vorfinden – oder die sogar unter Naturschutz stehen. Wer noch keinerlei Erfahrung mit Wildpflanzen hat, sollte sich am besten Unterstützung von kräuterkundigen Menschen holen, beispielsweise auf einer geführten Kräuterwanderung oder bei Wildkräuterkursen. Am besten nehmen Sie auch immer ein fundiertes Wildpflanzenbuch mit auf Ihre Erntetour.

In freier Wildlaufbahn

Der Fuchsbandwurm ist natürlich ein Thema, das erwähnt werden muss. Durch Tierkotreste auf Pflanzen können auch die Eier des Fuchsbandwurms in die

Mahlzeit – und somit in den menschlichen Körper – gelangen. Diese Nachricht bezieht sich aber nicht nur auf Wildpflanzen und -beeren, sondern ebenso auf alle Kultur- und Gartenpflanzen aus dem Freilandanbau – also beispielsweise auch auf Selbstpflückfelder für Erdbeeren. Ein Gebiet absolut »fuchssicher« einzuzäunen, ist fast unmöglich. Das Risiko zu erkranken ist allerdings nach wie vor sehr gering. Wer sich definitiv davor schützen möchte, muss seine Ernte auf mindestens 60 °C erhitzen oder bei – 80 °C einfrieren.

Der Leberegel kann ebenfalls ein unerwünschter Gast bei der Kräuter-Ernte sein. Dieser Parasit siedelt sich auf feuchten Wiesen oder in (meist stehenden) Gewässern an, in deren Nachbarschaft Vieh weidet. Auch hier schafft das Erhitzen der Kräuter auf 60 °C Abhilfe.

Einige Pflanzen können bei empfindlichen Menschen zu Hautreaktionen führen, sogenannten phototoxischen Reaktionen. Besonders begünstigt wird dies bei starker Sonneneinstrahlung. Der Kontakt mit dem Saft der Pflanze ist meist kritischer, als wenn andere Pflanzteile berührt werden. Vorsicht sollte generell bei einigen Doldenblütlern wie der Herkulesstaude, dem Waldengelwurz oder dem Bärenklau gegeben werden. Einschlägige Allergiker sollten sich auch bei der Schafgarbe durch das Tragen von langärmliger Kleidung und von Handschuhen schützen.

Ernten – so geht's!

Zur Kräuter-Ernte eignen sich Haushalts- oder Gartenscheren, Sie können aber auch per Hand pflücken. Beim Sammeln von Brennnesseln sind selbstverständlich Handschuhe ratsam.

Alles in Maßen – diese Devise gilt auch für die Wildkräuter-Ernte. Sammeln Sie nur für den Eigenbedarf und nie mehr, als Sie auch tatsächlich verbrauchen können. Für den besten Geschmack und Ihre eigene Sicherheit sollten Sie nur gesunde und unbeschädigte Pflanzen pflücken.

Das Erntegut wird in Körben, Stofftaschen oder Vorratsdosen ohne Deckel nach Hause transportiert. Denn viele Blüten und Blätter haben empfindsame Strukturen.

Kräuter waschen

Hier scheiden sich die Geister. Ich versuche, die Kräuter möglichst wenig zu waschen. Bei Blüten schließe ich die Möglichkeit sogar komplett aus. Denn duftender Blütenstaub wie der des Holunders würde dadurch komplett verloren gehen. Aber was tun, wenn die Kräuter staubig sind oder sie an Wegrändern gepflückt wurden, die auch von Spaziergängern mit Hunden genutzt werden? Dann empfehle ich folgende Methode: Füllen Sie einen Eimer mit Wasser und bewegen Sie die Kräuter für einige Zeit darin. Geben Sie dann den Schmutzpartikeln etwas Zeit, auf den Boden des Eimers zu sinken. Nun können Sie die Kräuter mit den Händen von der Wasseroberfläche abschöpfen. Schütteln Sie diese in einem Sieb oder einer Salatschleuder gut aus und legen Sie sie dann auf Küchentüchern zum Trocknen aus. Vor dem Waschen sollten natürlich braune Stängel o. Ä. aussortiert werden.

Langes Kräuterglück

Frisch gesammelte Kräuter sollten im besten Fall möglichst schnell verarbeitet werden. Aus diesem Grund

OBEN: Ein Potpourri aus Sommerblüten (von links nach rechts): Gelber Steinklee, Kartoffelrose, Rainfarn, Wilde Möhre, Schafgarbe und Mädesüß.

sammelt man immer möglichst nur so viel, wie tatsächlich benötigt wird. Die gute Nachricht: Im Kühlschrank halten sich Wildkräuter auch für einige Tage. Dafür schlagen Sie die Kräuter in ein feuchtes Tuch ein und legen sie ins Gemüsefach. Es lohnt sich, die Sorten voneinander zu trennen, damit Sie auf die unterschiedliche Haltbarkeit eingehen können. Dabei werden Sie nach und nach eigene Erfahrungen sammeln und schon bald die Dauer optimal einschätzen können. Möchten Sie sich jedoch einen Vorrat anschaffen, gibt es folgende Ideen …

Der Klassiker – Kräuter trocknen

Das Trocknen ist die bekannteste Methode, um Kräuter haltbar zu machen. Keine Sorge: Dazu benötigen Sie nicht unbedingt einen Dörrapparat, Sie können die Pflanzen auch an der Luft trocknen. Dazu wählen Sie einen trockenen, warmen Ort (beispielsweise den Dachboden). Ich zupfe meist die Blätter von den Stielen und breite diese auf Tabletts oder andere Unterlagen aus, die ich zuvor mit einem Küchentuch luftig ausgelegt habe. Die überschüssigen Stiele kommen später in den Kompost. Dann heißt es abwarten: Die Kräuter sind erst richtig trocken, wenn sie beim Anfassen leise knistern.

Eine bewährte Methode ist es auch, Küchentücher zwischen die Schnüre einer Wäschespinne zu spannen und die Kräuter darauf auszubreiten. So kommt während des Trocknens schön viel Luft an die Blätter. Natürlich eignet sich aber auch der Backofen zum Trocknen. Dafür sollten Sie die Kräuter auf einem Rost auslegen und bei geöffneter Tür und 40 °C im Ofen lassen, bis die Feuchtigkeit aus den Blättern gewichen ist. Die energiesparendste Methode ist es aber sicherlich nicht …

Die meisten Blattkräuter können getrocknet verwendet werden. Eine Ausnahme ist beispielsweise der Bärlauch, der beim herkömmlichen Trocknen sein Aroma verliert. Beachten Sie, dass getrocknete Kräuter immer mitgekocht werden müssen, damit sie ihr Aroma entfalten.

Einfach praktisch – Kräuter einfrieren

Pflanzen wie Giersch oder Brennnessel lassen sich gut blanchieren – und nach dem Abkühlen einfrieren! Eine weitere Möglichkeit ist es, die frischen Kräuter klein zu hacken, in Eiswürfelformen zu geben, mit Wasser aufzugießen und dann ins Eisfach zu schieben. So können Sie Ihre eigenen Kräutermischungen zusammenstellen und damit Suppen oder Eintöpfen den Frühlingspfiff verleihen! Die Kräuterwürfel werden nicht aufgetaut, sondern gefroren zu den Speisen gegeben und mitgekocht.

Essig und Öl – natürlich gern!

Kräuter geben ihr Aroma und ihre Heilwirkung besonders gut an Öle und Essige ab. Dazu geben Sie die gesäuberten, aber trocknen Kräuter einfach hinzu und lassen alles etwa 2 bis 3 Wochen ziehen. Meist sehen die Kräuter dann in der Flüssigkeit nicht mehr hübsch aus und werden abgefiltert.

Ein Pesto ist ebenfalls eine genussreiche Variante, Kräuter zu konservieren. Durch den Zusatz von Parmesan und Nüssen wird diese Zeit jedoch auf etwa 3 Wochen beschränkt. Um die Kräuter länger haltbar zu machen, hacken Sie diese möglichst klein und vermischen sie mit etwas Salz und Öl zu einer Paste. Füllen Sie diese in ein Schraubglas und geben noch etwas Öl auf die Oberfläche. So verlängern Sie die Haltbarkeit mühelos auf einige Monate!

Kräuter schonend abfiltern

Meine bewährte Methode ist, Kräuter-Ansätze durch ein Haarsieb aus Kunststoff zu geben. Da manche Kräuter

OBEN: Eine Schwebfliege hat sich auf einer Kamillenblüte niedergelassen, umrahmt von Schmalblättrigen Weidenröschen.

ungünstig auf Metall reagieren, nutze ich übrigens auch zum Rühren Kochlöffel aus Holz oder Kunststoff. Meist lohnt es sich, Flüssigkeiten zuerst durch ein Sieb ohne Mulltuch (Stoffwindel) zu filtern. So bleiben beim zweiten Durchgang mit dem Tuch weniger grobe Teile hängen und dieses lässt sich so besser auswringen. Probieren Sie einfach aus, was für Sie praktikabel ist.

Frühling

Frühling

Zart schiebt sich **das lichte Grün** aus dem noch kühlen Boden und wächst *der Frühlingssonne entgegen.* Feine Köstlichkeiten, die darauf warten, **verarbeitet zu werden.**

WECK

Waldmeistergeist

Likör mit Waldmeister und Löwenzahn

So geht's

1. Den Puderzucker mit dem Wasser in einem kleinen Topf mischen und erwärmen, bis der Zucker flüssig geworden ist. Etwas abkühlen lassen, dann den Wodka oder den Doppelkorn hinzugeben.

2. Die Waldmeisterstängel mit einem Stück Küchengarn zusammenbinden und einige Zeit anwelken lassen, bis sich ihr Duft intensiviert hat. Die Blütenköpfe des Löwenzahns abschneiden und in das Ansatzgefäß geben. Den Alkohol über die Blütenköpfe gießen und das Waldmeistersträußchen in die Flüssigkeit hineinhängen. Das Ende der Pflanzenstängel darf herausschauen. Nun den Topfdeckel auflegen und somit das Küchengarn befestigen.

3. Das Ganze gut 3 Wochen an einem Nordfenster oder an einem kühlen, schattigen Platz im Haus ziehen lassen. Dabei öfters die Kräuter mit einem Holzlöffel in den Alkohol drücken und umrühren. Achten Sie darauf, die Enden der Waldmeisterstängel vor dem Verschließen wieder hochzuziehen, damit diese nicht in der Flüssigkeit bleiben.

4. Den fertigen Likör durch ein Mulltuch im Sieb filtern und in die Flaschen füllen.

Zutaten

12–15 Stängel Waldmeister

25 Löwenzahnblüten (an einem sonnigen Tag gepflückt)

125 g Puderzucker

50 ml Wasser

750 ml Wodka oder Doppelkorn (38–40% vol.)

Utensilien

Ansatzgefäß aus hellem Glas mit Deckel

Kleiner Topf

Holzlöffel

Küchengarn

Schere

Sieb mit Mulltuch

Flaschen zum Abfüllen

Das grüne Gold

Wildkräuter-Pesto

Zutaten

200 g Wildkräuter (z. B. 100 g Bärlauch, 50 g Giersch, 25 g Knoblauchrauke, 25 g Vogelmiere, ein paar Blätter Gundermann)

150 g gemischte Nüsse (Haselnüsse, Pinien- und Cashewkerne)

100 g geriebener Parmesan

400 ml Walnussöl

Salz

Pfeffer

Utensilien

Pfanne

Salatschleuder

Küchentuch

Schmale Rührschüssel

Stabmixer

So geht's

1. Die Nüsse in einer Pfanne mit einem TL Öl und etwas Salz zart braun anrösten, dann abkühlen lassen. Die Wildkräuter waschen und in einer Salatschleuder trocknen. Im Anschluss die Kräuter möglichst auf einem Küchentuch auslegen, damit die Restfeuchtigkeit entzogen wird.

2. Die Nüsse und den Parmesan in die Rührschüssel geben und mit etwas Öl pürieren, nach und nach Öl hinzugeben.

3. Nun die Wildkräuter schrittweise zugeben und ebenfalls pürieren. Dabei immer etwas Öl nachgießen, bis das Pesto die von Ihnen erwünschte Konsistenz erreicht hat. Mit Salz und Pfeffer abschmecken – und schon halten Sie das »grüne Gold« in den Händen, das mit seinen Vitaminen und Mineralien den Winter mit aller Kraft austreibt!

Tipp: Das Pesto hält sich etwa 14 Tage im Kühlschrank. Wer nur die Kräuter haltbar machen möchte, verzichtet auf die Nüsse und den Parmesan und nutzt ein Olivenöl. So halten die pürierten Wildkräuter sehr lange und können immer wieder als Basis für ein Pesto oder für andere Gerichte dienen.

Die Vogelmiere ist im Stängel etwas zäh. Daher ist es besser, nur die Blätter abzuzupfen und die Triebspitzen zu verwenden.

Hustenschmeichler

Erdkammersirup

So geht's

1. Den Spitzwegerich möglichst nicht waschen, da er absolut trocken sein sollte. Das Kraut in etwa 1 cm große Stücke schneiden, eine erste Schicht in das Glas geben und mit einem Teil des Honigs übergießen. Nach dieser Methode wird nach und nach das Glas befüllt. Achten Sie darauf, dass der Spitzwegerich gut bedeckt ist (die Menge an Honig kann daher leicht variieren).

2. Lassen Sie den Ansatz etwa 4 Stunden stehen, damit sich alles setzen kann. Falls nötig, wird im Anschluss noch etwas Honig nachgegossen. Lassen Sie unbedingt Platz zum Deckel.

3. Nun die Glasöffnung mit 1–2 Blättern des Pergamins abdecken, den Deckel befestigen und das überstehende Papier grob abschneiden. Im Garten ein etwa 50 cm tiefes Loch ausgraben und das Glas hineinstellen. Ein Holzbrettchen auf den Deckel legen, das schützt ihn vor direkter Berührung mit der Erde. Jetzt das Loch wieder vorsichtig zuschütten und die Stelle gut markieren.

4. Der Spitzwegerich bleibt 3 Monate in der Erde und kann bei gleichbleibender Temperatur seine Kräfte an den Honig optimal abgeben. Danach wird das Glas ausgegraben und außen gereinigt. Nun kann der Sirup durch ein Sieb gefiltert werden, dabei möglichst gut durchdrücken. Den gefilterten Sirup in mehrere Vorratsgläser füllen. Bei Husten hilft 1 EL purer Sirup – oder Sie süßen einfach Ihren Tee damit!

Zutaten

Ca. 300 g Spitzwegerich

Ca. 1000 g flüssiger Honig (z. B. Akazienhonig)

Utensilien

Scharfes Messerchen

Gläser mit Schraub- oder Bügelverschluss

Pergaminblätter

Schere

Spaten

Ein Plätzchen im Garten

Altes Holzbrettchen

Markierstab

Sieb

Vorratsgläser

Grüne Kräutersünde

Wiesenschaumkraut-Mayonnaise

Zutaten

15–20 Stängel Wiesenschaumkraut

2 Blätter Bärlauch

1 Knoblauchzehe (nach Belieben)

1 Ei

1 Eigelb

Salz

2 TL Zitronensaft

½ TL Zucker

1 TL Senf

Ca. 200 ml Sonnenblumenöl

50 ml Olivenöl

Utensilien

Messer

Schmales, hohes Rührgefäß

Küchenmixer

So geht's

1. Blätter und Blüten vom Wiesenschaumkraut abzupfen und diese zusammen mit dem Bärlauch klein schneiden. Wer den Geschmack von Knoblauch liebt, kann noch eine klein geschnittene Zehe von ihm dazugeben.

2. Alle Zutaten – bis auf das Olivenöl – in das Rührgefäß geben. Den Mixer etwa eine halbe Minute unten im Gefäß halten und mixen. Dann den Mixer langsam hochziehen und sofort entsteht die Mayonnaise-Masse.

3. Zum Schluss noch 50 ml Olivenöl unterrühren. Fertig!

Tipp: Eine Köstlichkeit zu allem Kurzgebratenem oder zu gebackenen Kartoffeln.

Nesseln im Glück

Brennnessel-Nudeln

Zutaten

80 g Brennnesselblätter (Triebspitzen)

Wasser

1 Messerspitze Natron

400 g Hartweizengrieß

2 Eier

Ca. 1 EL Olivenöl

2 TL Salz

Etwas Mehl

Utensilien

Topf

Schaumkelle

Eiswürfel

Schüssel

Stabmixer

Nudelmaschine/ alternativ: Teigrolle, Lineal und Messer

So geht's

1. Wasser mit Natron in einem Topf zum Kochen bringen. Die Brennnesseln darin kurz blanchieren, mit der Schaumkelle herausholen und in einer Schüssel mit Eiswasser abschrecken. Die Blätter aus dem Eiswasser nehmen und in einer Rührschüssel pürieren. So behält das Brennnessel-Mus eine schöne hellgrüne Farbe.

2. Jetzt den Grieß mit den Eiern, dem Brennnessel-Mus, dem Olivenöl und dem Salz zu einem Teig verkneten. Er braucht eine gewisse Geschmeidigkeit – je nach Konsistenz entweder etwas Olivenöl oder, wenn er zu weich ist, mehr Grieß dazugeben. Den Teig 30 Minuten ruhen lassen.

3. Nun den Teig wie gewohnt mit Ihrer Nudelmaschine weiterverarbeiten. Alternativ: Den Teig auf einer bemehlten Fläche dünn ausrollen. Mit Lineal und Messer Bandnudeln abschneiden. Sollten die Nudeln zu sehr miteinander verkleben, hilft es, sie mit Mehl zu bestäuben.

4. Die Nudeln etwa 1 Minute in kochendem Salzwasser kochen und am besten mit selbst gemachtem Wildkräuter-Pesto (Rezept auf Seite 16) genießen.

Tipp: Die Brennnesseln verlieren ihre Brennkraft, sobald sie mit heißem Wasser oder Öl in Berührung kommen.

Snack-Verzückung

Brennnessel-Chips

So geht's

1. Aus Mehl, Zucker, Bier, Salz, Eigelb, Milch und Wasser einen Teig rühren. Das Eiweiß steif schlagen und unter die Teigmasse heben.

2. Öl in einer Pfanne erhitzen. Die Brennnesselblätter durch den Teig ziehen und nach und nach im heißen Öl ausbacken. Die Chips mit einem Schaumlöffel herausholen und auf Küchenpapier abtropfen lassen. Die fertigen Chips mit Meersalz bestreuen.

Tipp: Es lohnt sich auch, einige Blätter ohne den Teig zu frittieren. Die Brennnessel überrascht mit einem sehr würzigen Eigengeschmack. Auch diese Chips können mit Meersalz bestreut werden.

Die Brennnessel ist ein stark eisenhaltiges Kraut und gibt uns somit einen kleinen Schub Lebenskraft mit auf den Weg! Als Frühjahrskraut gehört sie unbedingt zur »Entschlackungskur«, um den Stoffwechsel anzutreiben und Platz für gutes Neues zu schaffen.

Zutaten

Reichlich einzelne Brennnesselblätter

100 g Mehl

2 TL Zucker

2 EL Bier

1 TL Salz

1 Eigelb

3 EL Milch

3 EL Wasser

1 Eiweiß

Öl zum Frittieren

Meersalz

Utensilien

Rührschüssel

Küchenmixer

Pfanne

Schaumlöffel

Küchenpapier

Drei Löwenzahn-Wünsche

Löwenzahn-Deko

Zutaten

Menge nach Belieben:

Löwenzahnblüten mit Stängel

Pusteblumen

Abgepustete Löwenzahnstängel

Utensilien

Scharfes Messerchen

3 schöne Gläser (z. B. alte Weckgläser)

Lineal

Bleistift

Transparentpapier

Schere oder Schneidemaschine

Buchstabenstempel

Stempelkissen

Transparentes Klebeband

So geht's

1. Die abgepusteten Löwenzahnstängel und die Stängel mit den Löwenzahnblüten auf die entsprechende Länge kürzen, jeweils in ein Glas mit Wasser stellen. Die Pusteblumenköpfe vorsichtig mit einer Schere abschneiden und in ein Glas geben. So ist das Wunderwerk der kleinen Schirmchen am besten zu bewundern.

2. Mit Lineal und Bleistift die Breite des Transparentpapierstreifens bestimmen und mit einer Schere oder einer Schneidemaschine 3 Streifen abschneiden. Diese jeweils mit Worten Ihrer Wahl bestempeln. Unbedingt das Gestempelte einige Zeit antrocknen lassen, da die Oberfläche des Transparentpapiers die Stempelfarbe nicht gleich aufnimmt.

3. Die Transparentpapierstreifen um das Glas führen und mithilfe eines Klebestreifens die Enden zusammenkleben.

LEBENSKRAFT
LEICHTIGKEIT
LOSLASSEN

Good
Luck

Das gelbe Gold

Löwenzahn-Sirup und -Gelee

So geht's

1. Die Löwenzahnblüten an einem sonnigen Tag sammeln, damit sie schön geöffnet sind. Wer den leicht bitteren Geschmack des Löwenzahns beibehalten möchte, lässt den Boden an der Blüte. Ansonsten kann man diesen auch mit einem scharfen Messer entfernen, sodass nur die gelben Zungenblüten übrig bleiben.

2. Die Blüten mit dem kalten Wasser in einen Topf geben, zum Kochen bringen und etwa 3 Minuten köcheln lassen, anschließend vom Herd nehmen. Das Ganze mit leicht geöffnetem Deckel 1 Tag ziehen lassen.

3. Jetzt wird der Sud über ein Sieb mit Mulltuch abgefiltert. Die gefilterte Flüssigkeit wieder in einen Topf geben und mit dem Zucker und dem Saft der Zitrone mischen. Das Ganze so lange auf niedriger Stufe einkochen, bis eine sirupartige Masse entsteht (dies dauert etwa eine halbe Stunde). Den Sirup noch kochend in die heiß ausgespülten Flaschen abfüllen. Den fertigen Sirup kann man wunderbar zum Süßen – z. B. von Salatsoßen oder beim Backen – nutzen. Mit Sprudelwasser verdünnt ist er ein klassisches Erfrischungsgetränk.

Variante: Auf ganz ähnliche Weise können Sie auch ein leckeres Löwenzahn-Gelee herstellen. Verfahren Sie wie beschrieben bis zu dem Punkt, an dem die Flüssigkeit abgefiltert wird. Nun können Sie den Saft und den Abrieb von 1 Bio-Zitrone hinzufügen. Schneiden Sie 1 Vanilleschote auf, kratzen Sie diese aus und geben sie das Mark gemeinsam mit der Schote zur Flüssigkeit. Mischen Sie im Verhältnis 2:1 Gelierzucker hinzu und kochen das Ganze zum Gelee. Abschließend noch die Vanilleschote entfernen und das Gelee in heiß ausgespülte Marmeladengläser füllen. Der Geschmack ist leicht bitter mit einem exquisiten Hauch von Vanille.

Zutaten

100–130 Löwenzahnblüten mit Blütenboden (entsprechen ca. 100 g)

1 Liter Wasser

600 g Zucker

Saft einer Bio-Zitrone

Utensilien

Scharfes Messer

Topf

Sieb

Mulltuch

Flaschen mit Schraubverschluss

WECK

Klar, gesund!

Löwenzahn-Essig

So geht's

1. Die Kräuter reinigen, sollten sie mit Erde verschmutzt sein. Dann diese in ein Glasgefäß geben und mit dem Essig aufgießen. Das Glas an einen schattigen, kühlen Ort stellen und ca. 3 Wochen ziehen lassen. Die Kräuter regelmäßig mit einem Holzlöffel unter den Essig drücken, damit sie mit Flüssigkeit benetzt sind.

2. Den Essig über ein Sieb mit Mulltuch abgießen und die Kräuter gut ausdrücken. Den fertigen Löwenzahn-Essig in Flaschen abfüllen.

Tipp: Wer vom weißen Milchsaft des Löwenzahns keine braunen Finger bekommen möchte, sollte Handschuhe tragen. Ein Kräuterauszug in Essig ähnelt einer alkoholischen Tinktur. Auch hier übertragen sich die Inhaltsstoffe der Kräuter in die Trägerflüssigkeit – und somit würzen wir unseren Salat mit einem Schuss selbst gemachter »Medizin«. Löwenzahn und Beifuß schenken den Menschen Bitterstoffe und regen Verdauung und Stoffwechsel an.

Zutaten

Je 5 Löwenzahnblüten und -blätter (an einem sonnigen Tag gepflückt)

5 Blätter Sauerampfer

5 Blätter Beifuß

Ca. 500 ml weißer Balsamico-Essig oder Weißweinessig

Utensilien

Ansatzgefäß aus weißem Glas mit Deckel

Holzlöffel

Sieb mit Mulltuch

Flaschen zum Abfüllen

Duftiges Willkommen

Waldmeister-Deko

So geht's

1. Die Servietten falten und mit etwas Küchengarn jeweils mehrmals umwickeln.

2. Je 2 Stängel Waldmeister zu einem Sträußchen zusammenfassen und als Dekoration zwischen Küchengarn und Serviette schieben. Die verzierten Servietten auf die herzförmigen Platzteller verteilen. So werden Ihre Gäste mit einem kleinen Duftsträußchen aus Waldmeister begrüßt.

Tipp: Die kleine grüne Pflanze, die gerne in lichten Buchenwäldern wächst, entfaltet ihre Duftwirkung erst, wenn sie etwas angewelkt ist. Doch dann erfreut sie das Herz und man mag die Nase gar nicht mehr aus dem Pflänzchen nehmen.

Die Gäste können das Sträußchen übrigens in Mineralwasser oder Apfelsaft hängen und so ihr Getränk verfeinern. Legen Sie doch als kleine Anregung für zu Hause einen handgeschriebenen Zettel mit dem Rezept der Kräuter-Limonade von Seite 35 dazu. Oder Sie geben den Gästen mit auf den Weg, ihr Waldmeister-Sträußchen zu Hause zu trocknen, es in ein Stofftaschentuch zu binden und als Duftsäckchen zwischen die Kleidungsstücke im Schrank zu legen.

Material

4–8 Stängel Waldmeister
Stoff-Servietten
Platzteller in Herzform
Küchengarn (rosa/weiß)
Schere

Freuden

Wildkräuter-Freuden

Kräuter-Limonade

So geht's

1. Wasser bzw. Apfelsaft erhitzen, die jeweilige Zuckermenge darin auflösen und die Weinsteinsäure zugeben. Die Mischung in das Ansatzgefäß geben und etwas abkühlen lassen.

2. Die Kräuter und die in Scheiben geschnittenen Orangen bzw. Zitronen in den Wasser- bzw. den Apfelsaftsud geben. Das Ganze gut 4–6 Stunden ziehen lassen. Im Anschluss die Kräuter über ein Sieb abfiltern und nochmals gut mit den Händen ausdrücken. Die fertige Kräuter-Limonade in Flaschen abfüllen. Mit einem Schuss kohlesäurehaltigem Mineralwasser und Eiswürfeln wird sie zur erfrischenden Köstlichkeit, die man so vorher noch nie gekostet hat!

Tipp: Weinsteinsäure kann man im Bioladen kaufen. Sie dient als Konservierungsmittel und natürlicher Ersatz für Zitronensäure aus dem Supermarkt.

Zutaten

KRÄUTER-ORANGE:

130 g Wildkräuter (in Stielen ca.: 6 Giersch, 2 Taubnessel, 2 Gundermann, 4 Waldmeister, 2 Pfefferminze)

2 Bio-Orangen, 2 l Wasser, ca. 250 g Zucker, 1 Päckchen (10 g) Weinsteinsäure

KRÄUTER-APFEL-ZITRONE:

130 g Wildkräuter (s.o.), 2 Bio-Zitronen, 2 l Apfelsaft, 100 g Zucker, 1 Päckchen (10 g) Weinsteinsäure

Utensilien

Topf, Ansatzgefäß (weithalsige Flasche oder Schüssel), Sieb, Flaschen zum Abfüllen

Grüne Kraft

Getrocknete Frühlingskräuter

So geht's

1. Die Frühlingskräuter auf einer geeigneten Fläche ausbreiten – das kann je nach Menge z. B. ein Tablett oder ein Ofenrost sein, auf dem ein Küchentuch liegt. Wenn ich größere Mengen verarbeite, dann spanne ich Küchentücher auf meine Wäschespinne und lege darauf die Kräuter aus. So werden diese von allen Seiten gut belüftet.

2. Die Kräuter sollten an einem schattigen, trockenen und warmen Ort getrocknet werden. Wenn sie beim Anfassen rascheln, sind sie fertig. Je nach Pflanze dauert dies etwa 3–6 Tage.

3. Nun werden die Kräuter in Vorratsdosen aufbewahrt.

Tipp: Die getrockneten Wildkräuter sind ein wahrer Schatz, der besonders im Herbst und Winter zum Einsatz kommt und Ihre Abwehrkräfte stärkt! Verwenden Sie die geballte Kraft des Frühlings einfach als Zutat beim Kochen. Entweder werden die Kräuter dazu mit der Hand zerrieben oder als ganze Blätter in Suppe, Auflauf oder Soße verwendet. Lecker schmecken auch klein zerriebene Kräuter aufs Butterbrot gestreut – wer möchte, kann dazu wie gewohnt Belag auflegen. Hier und da piksen manche Teile der getrockneten Kräuter. Zum Zerreiben können daher Stoffhandschuhe behilflich sein.

Zutaten

HIER:
Giersch
Löwenzahnblätter
Brennnesselblätter
Knoblauchrauke
Gundermann
Schafgarbenblätter
(möglich sind aber auch Blätter/Blüten/Triebspitzen von: Sauerampfer, Gänsefingerkraut, Vogelmiere, Frauenmantel, Dost, Gänseblümchen, Spitzwegerich usw.)

Utensilien

Tablett oder Ofenrost
Küchentuch
Aufbewahrungsdose

Blütenfein

Gänseblümchen-Deko

Material

Gänseblümchen
Blüten und Blätter des Gundermanns
Moos
Wachtelei
Kleine Deko-Schale
Wasser

So geht's

1. Etwas Wasser in eine kleine Deko-Schale geben und dann das Gefäß mit Moos auffüllen.

2. Das Wachtelei platzieren und nun rundherum die Gänseblümchen sowie die Blüten und Blätter des Gundermanns arrangieren. Fertig ist ein entzückendes Mitbringsel – oder eine hübsche, aber unkomplizierte Tischdekoration.

Tipp: So viel Wissenswertes steckt in einer kleinen Deko-Schale: Das Gänseblümchen ist ein Pflänzchen, das jedes Kind kennt – und das immer noch die Herzen rührt. Es heißt, wenn man mit einem Fuß 7 Gänseblümchen auf einmal berühren kann, dann ist der Frühling wirklich da! Die zarte Schönheit soll aber nicht über die starke Heilkraft hinwegtäuschen. Denn das Gänseblümchen wirkt adstringierend und schleimlösend und es regt den Stoffwechsel an. Außerdem soll es leicht schmerzstillend und krampflösend sein.

Ein altes Heilkraut ist auch der Gundermann, der Herz und Leber stärkt und die Verdauungssäfte anregt. Außerdem wirkt das Kraut bei allen schlecht heilenden Wunden. Ich nutze den Gundermann – neben Spitzwegerich, Thymian, Salbei und den Blüten der Königskerze – als Zutat in meinem Hustentee, um die Entzündung im Hals zu lindern. Da der Gundermann reich an ätherischen Ölen ist, duftet er sehr stark und wird daher in der Küche nur als Würzkraut verwand.

Blüten

fein

Sommer

Sommer

Üppig hat sich die Natur entwickelt und verströmt *herrliche Düfte.* Blüten und Grün wandern *in den Erntekorb* und lassen das **Wildkräuterherz höher schlagen.**

Kleine Kerle ganz groß

Wilde Kapern

Zutaten

120 g Samen von Wilder Malve und Kapuzinerkresse
1 EL Salz
100 ml Wasser
80 ml Essig
2–3 TL Zucker
2 Stiele Thymian
3 Lorbeerblätter
10 Pfefferkörner

Utensilien

Topf
Schraubglas
Sieb

So geht's

1. Salz und Wasser aufkochen. Die Samen waschen, in ein Schraubglas geben und mit der Salzlösung übergießen. Die Samen sollten gut bedeckt sein (danach richtet sich letztendlich die Menge der Salzlösung).

2. Das Glas verschließen und 3 Tage bei Zimmertemperatur stehen lassen, ab und an schütteln.

3. Die Samen über ein Sieb abgießen und gut abtropfen lassen. Das Schraubglas ausspülen und die Samen wieder in das Glas zurückgeben.

4. Essig mit Zucker, Thymian, Lorbeerblättern und Pfefferkörnern aufkochen und über die Samen im Glas gießen. Die Samen müssen in jedem Fall bedeckt sein, die Flüssigkeit gegebenenfalls entsprechend angleichen. Die Samen abkühlen lassen, den Deckel zuschrauben und für 7 Tage im Kühlschrank ziehen lassen.

erle

Die Hollerfrau lässt grüßen

Holunderblüten-Gelee

Zutaten

Ca. 120 g Holunderblütendolden (bei Sonne geerntet)

1 l Orangensaft
Ca. 500 g Gelierzucker (2:1)

Utensilien

Schüssel

Sieb

Mulltuch

Kochtopf

Gelee-Gläser zum Abfüllen

So geht's

1. Die Holunderblütendolden in eine Schüssel geben und den Orangensaft hinzufügen. Es sollten so viele Blütendolden sein, dass der Orangensaft sie nur gerade eben bedeckt. Das Ganze mit einem Sieb abdecken.

2. Nun die Schüssel in die Sonne stellen und alles ca. 6 Stunden ziehen lassen.

3. Die Dolden über ein Sieb mit Mulltuch abfiltern und gut ausdrücken. Die genaue Menge an Saft abmessen.

4. Den gefilterten Saft mit dem Gelierzucker entsprechend der Packungsanweisung zu einem Gelee kochen. Das noch heiße Gelee in die vorbereiteten Gläser füllen. Wenn ein kleiner Schluck übrig bleibt, ist er auch ein köstliches Getränk.

Tipp: Ein besonders intensives Aroma geben Dolden ab, die mit reichlich gelbem Blütenstaub bedeckt sind.

frau

Süße Blütenherzen

Waffeln mit Holunderblüten und Rosenzucker

Zutaten

ROSENZUCKER:

1 Handvoll Blütenblätter einer Duftrose (z. B. Kartoffelrose)

100 g Zucker

WAFFELTEIG:

350 g Mehl, 3 TL Backpulver, 1 Prise Salz

200 g weiche Butter

170 g Zucker

1 Tüte Vanillezucker

1 TL Rosenzucker

6 Eier, ca. 350 ml Milch

4 große Holunderblütendolden

Öl zum Ausbacken

Utensilien

Kaffeemühle, evtl. Teigrolle, 2 Schüsseln, Sieb, Küchenmixer, Pfanne

So geht's

1. Zuerst wird der Rosenzucker frisch hergestellt. Dazu einen Teil der Blütenblätter mit etwas Zucker in eine Kaffeemühle geben und miteinander mahlen. Nach und nach mit den restlichen Mengen an Zucker und Blüten genauso verfahren. Der Rosenzucker kann noch sehr feucht sein und hier und da zusammenkleben. So frisch ist sein Aroma aber am intensivsten. Wenn der Zucker antrocknet, lassen sich die Klümpchen trennen, indem man z. B. mit einer Teigrolle darüber rollt.

2. Nun wird der Waffelteig zubereitet. Dazu das Mehl mit dem Backpulver und etwas Salz mischen und durch ein Sieb in eine Schüssel sieben.

3. In einer weiteren Schüssel die Butter mit den verschiedenen Zuckerarten und den Eiern schaumig rühren.

4. Nun abwechselnd Mehl und Milch in die Buttermasse einrühren. Der Teig muss dickflüssig vom Löffel fallen (d. h. die Milchmenge richtet sich danach).

5. Die Holunderblüten von den Dolden zupfen und mit in den Teig geben. Die Waffeln ausbacken und mit frischem Rosenzucker bestreut servieren.

Ein Stück Wildnis für Zuhause

Strauß aus Weidenröschen

Material

Stiele von Weidenröschen, Wilder Möhre, Bärenklau und Kamille

Samenstand vom Giersch

Scharfes Messer oder Gartenschere

Zinngefäß

1 Tropfen Spülmittel

So geht's

1. Die Blütenstiele auf die gewünschte Größe schneiden und in dem Zinngefäß arrangieren.

2. 1 Tropfen Spülmittel zum Wasser in die Vase geben, das erhält ein wenig die Frische. Wiesenblumen lassen gerne erst einmal die Köpfe hängen, erholen sich dann aber nach einer Weile. Dafür den Strauß unbedingt aus der Sonne nehmen.

Tipp: Es tut den Pflanzen gut, wenn man sie mit einem scharfen Messer oder einer guten Gartenschere abschneidet, sodass man sie nicht allzu sehr am Stiel verletzt. Wenn Sie Blumen an Weg- und Waldrändern ernten, ist es generell empfehlenswert, lange Hosen und evtl. auch langärmlige Oberteile zu tragen. So sind Sie gut vor Zeckenbissen geschützt. Falls Sie eine empfindliche Haut haben, sollten Sie beim Ernten des Bärenklaus besonders vorsichtig sein. Denn wenn die Sonne scheint, besteht die Möglichkeit einer phototoxischen Reaktion.

no.192

Blütchen auf Wanderschaft

Senfblüten-Butter

Zutaten

1 Handvoll Senfblüten und -blätter

250 g weiche Butter

Salz

1 Knoblauchzehe

Utensilien

Schüssel

Gabel

Brettchen

Messer

Knoblauchpresse

Löffel

Förmchen

So geht's

1. Die zimmerwarme Butter in eine Schüssel geben und mit einer Gabel zerteilen.

2. Die Senfblätter klein schneiden, zusammen mit einigen Blüten zur Butter geben und mit etwas Salz würzen. Die Knoblauchzehe von der Schale befreien und durch eine Knoblauchpresse ebenfalls zur Blütenbutter geben. Alles mischen.

3. Die Blütenbutter nun in ein Förmchen füllen und im Kühlschrank fest werden lassen. Später die Butter aus dem Förmchen lösen und mit den restlichen Blüten dekoriert servieren.

Tipp: Anstelle von Senfblüten- und -blättern kann man auch die Blüten, die Blätter und die Samen der Kapuzinerkresse verwenden.

tchen

Zu Tisch!

Mit Pflanzenfarbe bemalte Serviette

So geht's

1. 5 TL Alaun in etwa 5 TL siedendem Wasser gut auflösen.

2. Ca. 120 ml Wasser hinzugießen und die Blüten dazugeben. Es darf eine gut gesättigte Lösung sein. Alles ca. 15 Minuten köcheln lassen. Dabei entsteht eine leicht dickliche Masse.

3. Die Farbe in ein kleines Gefäß abfiltern. Da die Pflanzenfasern sich zersetzen könnten, ist es zum Malen schöner, wenn die Flüssigkeit keine Pflanzenreste mehr enthält. Die Farbe etwas abkühlen lassen, dann kann sie sofort genutzt werden.

4. Mit einem Pinsel das gewünschte Motiv auf die Serviette malen und trocknen lassen. Die Farbintensität ist nie reproduzierbar oder in ihrer Nuance vorhersehbar.

Material

1 Handvoll rote Blüten, z. B. Wilde Malve, Rose, Geranie, Stockrose (einzeln oder gemischt)

5 TL Alaun (aus der Apotheke)

Wasser

Alter, kleiner Topf

Alter Holzlöffel

Kleines Gefäß für die Farbe

Pinsel

Tipp: Da die Farbe nicht waschecht ist, lässt sich das Motiv nach 1–2 Wäschen völlig entfernen.

Wildes zum Einzug

Fladenbrot mit Brennnesselsamen

So geht's

1. Zuerst wird das Salz hergestellt. Dazu die Rosenblütenblätter abzupfen, die Zitronenschale in kleinere Stücke schneiden und die Kräuterblätter abzupfen.
Alles auf ein luftig mit Küchentüchern ausgelegtes Tablett geben und einige Tage trocknen lassen. Nun die Kräuter klein reiben, die Zitronenschale noch kleiner hacken und mit dem Salz mischen. Köstlich auch auf frischem Brot mit Butter!

2. Nun wird der Brotteig zubereitet. Dazu die Hefe mit dem Honig in einer Tasse verrühren, 10 Minuten stehen lassen und dann flüssig rühren.

3. Das Mehl in eine Schüssel sieben und in die Mitte eine Mulde drücken. Die Hefe hineingeben und mit dem Mehl vermischen.

4. Das Salz, das Wasser, das Öl, den Wein, die grob gezupften Brennnesselblätter und die abgeriebenen Samen hinzugeben. Die Brennnesseln erst mit einem Holzlöffel unterarbeiten, dann kann auch mit der Hand weiter geknetet werden. Den Brotteig 1 Stunde an einem warmen Ort gehen lassen.

5. Den Teig teilen und zu 2 Fladenbroten formen. Die Fladen mit Öl bepinseln, die restlichen Brennnesselblätter auflegen und ebenfalls mit Öl bepinseln. Nun die Fladen auf ein mit Backpapier ausgelegtes Backblech legen und weitere 20 Minuten gehen lassen.

6. Die Fladenbrote im vorgeheizten Ofen etwa 20 Minuten bei 200 °C (Umluft) goldbraun backen.

Zutaten

SALZ:

2 Rosenblüten

Schale einer Bio-Zitrone

Blätter von 2 Stielen Pfefferminze

5 Blätter Gundelrebe

6 EL grobes Meersalz

BROT:

2 Handvoll Brennnesselblätter

2 EL Brennnesselsamen

1 Würfel Hefe, 1 TL Honig

600 g Mehl, 2 TL Salz

110 ml Wasser, 80 ml Öl

250 ml Weißwein

Einige Brennnesselblätter als Belag für den Fladen

Utensilien

Tasse, Schüssel

Holzlöffel

Som

Sommer-Erinnerung

Potpourri aus Wildblumen

So geht's

1. Ernten Sie nur die schönsten Exemplare der duftenden Wildblumen und binden Sie diese zu kleinen Sträußen. Obacht bei der Kartoffelrose, sie hat durchaus imposante Stacheln.

2. Hängen Sie die Sträuße zum Trocknen auf – und genießen Sie diesen Anblick für einige Tage!

3. Nach dem Trocknen sollten Sie die Sträuße vorsichtig behandeln, da die Blüten nun brüchig sind. Sie können nun die einzelnen Blüten entsprechend Ihren Wünschen in einer Schale dekorieren. Besonders der Steinklee hält seinen Duft sehr lange. Als kleines Sträußchen obenauf kann man öfters gezielt seine Nase hineinstecken.

Material

Kartoffelrose
Gelber Steinklee
Rainfarn
Wilde Möhre
Rosa Schafgarbe
Mädesüß
Strahlenlose Kamille
Garten-Handschuhe
Schere
Garn
Band

Tipp: Die sogenannte Veilchenwurzel – botanisch korrekt die Wurzel der Schwertlilie *(Iris florentina)* – soll den Duft von getrockneten Deko-Blumen länger haltbar machen. Man kann sie als Pulver in der Apotheke erwerben, was allerdings ein sehr kostspieliges Vergnügen ist.

Steinklee und Rainfarn halten übrigens auch Motten fern – und somit ist das Potpourri auch wunderbar in der Nähe des Kleiderschranks zu gebrauchen. Sie können sich auch kleine Duftbeutelchen nähen oder die getrockneten Pflanzen in Stofftaschentücher einschlagen und direkt zur Wäsche in den Schrank legen.

Geheime Zaubertinktur

Magische-13-Kräuter-Likör

So geht's

1. Den Zucker mit dem Wasser in einem Topf zum Kochen bringen und abkühlen lassen.

2. Im Ansatzgefäß aus Glas den Wodka mit der Zuckerlösung mischen.

3. Nun die Kräuter etwas klein schneiden und zum Alkohol geben. Es dürfen so viele Kräuter sein, dass sie gerade so mit Alkohol bedeckt sind.

4. Den Ansatz 3 Monate an einem schattigen Platz ziehen lassen, dabei immer wieder mal mit dem Holzlöffel umrühren.

5. Nun die Kräuter einmal grob durch ein Sieb ohne Mulltuch abfiltern, dabei diese etwas ausdrücken. Danach den Likör nochmals filtern, dieses Mal durch ein Sieb mit Mulltuch, um auch die kleinen Schwebteile zu entfernen.

6. Den Likör in Flaschen abfüllen und als Aperitif oder Digestif genießen.

Tipp: Die Zusammensetzung der Kräuter ist natürlich frei wählbar. Die Pfefferminze dient hier auch als Geschmacksgeber. Je mehr Pflanzen mit Bitterstoffen verwendet werden, desto wohltuender ist der Likör für die Verdauung!

Material

3 Stiele Pfefferminze, 5 Stiele Gundelrebe, 7 Löwenzahnblätter, 5 Blätter und Blüten des Beinwells, 5 Stiele Schafgarbe, 5 Blätter Spitzwegerich, 7 Triebspitzen Beifuß, 5 Triebspitzen Brennnessel, 3 Stiele Kamille, 10 Malvenblüten, 5 Blätter und Blüten des Gänsefingerkrauts, 13 Königskerzenblüten, 10 Stiele Feldthymian

700 g Zucker

800 ml Wasser

1,4 l Wodka

Utensilien

Topf, Ansatzgefäß aus Glas, Sieb mit Mulltuch, Holzlöffel, Flaschen zum Abfüllen

Grünes Flechtwerk

Gras-Zopf

Material

Langes Gras
Gartenhandschuhe
Schere
Zwirn
Band
Deko-Gefäß

So geht's

1. Die Gartenhandschuhe überziehen und lange Grasbüschel abschneiden. Die braunen verwelkten Grashalme herausziehen und nur die schön grünen Grashalme bündeln, diese am unteren Ende mit einem Band fixieren.

2. Nun wird im klassischen Sinn ein Zopf geflochten. Dabei ist eine weitere Person sehr hilfreich, die das Ende des Zopfs festhält.

3. Das spitze Zopfende mit etwas Zwirn zusammenbinden. Nun werden beide Enden zu einem Kreis im Umfang des Deko-Gefäßes zusammengeführt. Das hübsche Band soll beide Enden fixieren.

4. Der Gras-Zopf kann nun um den oberen Rand des Gefäßes gelegt werden, um beispielsweise einem Blumenstrauß einen dekorativen Saum zu geben. Einfach und schön ist es auch, den Zopf um den Fuß einer Vase zu legen.

Tipp: Mit einem Gras-Zopf lassen sich viele tolle Deko-Ideen umsetzen. Sie können mit ihm beispielsweise Kerzenhalter oder Henkel von Keramikkrügen verzieren, schlingt man 2 Zöpfe wie Ringe ineinander, hat man ein schönes Hochzeitsgeschenk. Ein besonders dick geflochtener Zopf dient als sehr haltbare Tischdekoration. Und wenn Sie möchten, können Sie auch frische Gänseblümchen in den Zopf einflechten. Das verkürzt allerdings die Haltbarkeit.

Rosige Zeiten brechen an

Rosen-Himbeer-Essig

Zutaten

100 g duftende, rote Rosenblüten (z. B. Kartoffelrose)

1,5 l Weißweinessig oder weißer Balsamico-Essig

500 g Himbeeren

Utensilien

Großes Glas oder Ansatzgefäß

Sieb mit Mulltuch

Flaschen zum Abfüllen

So geht's

1. Zuerst wird der Rosen-Essig hergestellt. Dazu die Blütenblätter mit dem Essig mischen und den Ansatz etwa 3 Wochen stehen lassen. Dabei öfters umrühren, damit die Blütenblätter immer mit Flüssigkeit bedeckt sind. Die intensiv rote Farbe entsteht recht zügig.

2. Den Ansatz über ein Sieb mit Mulltuch abgießen und gut abtropfen lassen, die Rosenblätter etwas ausdrücken. Fertig ist der Rosen-Essig!

3. Nun geben Sie die Himbeeren mit dem Rosen-Essig in das Ansatzgefäß und lassen das Ganze etwa 3 Wochen stehen.

4. Zum Abschluss nur noch den Rosen-Himbeer-Essig über ein Sieb mit Mulltuch abgießen, alles gut abtropfen lassen und die Beeren etwas ausdrücken. Den Essig in hübsche Flaschen füllen – und verschenken …

e Zeite

RHABAR
BER SENF
RHABARBE
R SENF
RHABAR
BER SENF
A
R

Scharfes Gemüsefrüchtchen

Rhabarber-Senf

So geht's

1. Den Rhabarber klein schneiden und in einen Topf geben. Nun 2 EL Honig, 100 ml Wasser und den abgezupften, klein geschnittenen Thymian hinzugeben. Alles zum Kochen bringen, bis auf etwa die Hälfte reduzieren und dann abkühlen lassen.

2. Nun werden die gelben und schwarzen Senfkörner fein gemahlen. Da Senf sich beim Mahlen erhitzen kann, sollten Sie eventuell Pausen machen.

3. Den Rosen-Himbeer-Essig, den Sherry und 2 EL Honig mit der eingekochten Rhabarber-Masse mischen. Das Senfmehl zugeben und alles mit dem Pürierstab pürieren.

4. Das Ganze mit einem Küchentuch abgedeckt etwa 12 Stunden bei Raumtemperatur stehen lassen, ab und an umrühren. Erst durch diesen Prozess wird der Senf fermentiert, entwickelt seine Schärfe und dickt noch etwas ein (d. h. Sie sollten sich nicht wundern, wenn der Senf direkt nach dem Pürieren etwas zu flüssig erscheint). Den fertigen Rhabarber-Senf in heiß ausgespülte, trockene Gläser abfüllen und noch etwa 2 Wochen im Glas reifen lassen, damit er seine endgültige Schärfe entwickelt.

Zutaten

180 g Rhabarber

80 g gelbe Senfkörner

20 g schwarze Senfkörner

4 EL Honig

100 ml Wasser

5 Stiele Thymian

100 ml Rosen-Himbeer-Essig (Rezept S. 62)

50 ml Sherry

Utensilien

Messer

Kochtopf

Kaffeemühle oder Küchenmaschine mit Mahlvorrichtung

Pürierstab

Küchentuch

Gläser zum Abfüllen

Verwunschenes Sommerlicht

Kräuter-Lampion

So geht's

1. Das Transparentpapier in etwa 2 cm x 3 cm große Stücke reißen und in eine Schüssel geben. Etwa 1–2 EL Tapetenkleister nach Packungsanweisung in einer Tasse anrühren.

2. Die beiden Luftballons zur gewünschten Größe aufblasen und die Enden jeweils verknoten. An die Enden je ein Band als Aufhängung fürs spätere Trocknen befestigen. Den ersten Luftballon jetzt mit der einen Hand festhalten und mit den Fingern der anderen Hand Kleister auf seine Oberfläche aufbringen. Oben einen ausreichend großen Teil aussparen – das ergibt später die Öffnung des Lampions.

3. Nun mit den klebrigen Fingern in die Schüssel mit den Transparentpapier-Schnipseln tippen, nach und nach Papier herausfischen und damit den Luftballon rundherum bekleben. Die erste Schicht sollte 2–3 Lagen dick sein. Dann werden die gepressten Blüten und Blätter auf dem Ballon positioniert und mit einer letzten Schicht Transparentpapier rundherum versehen.

4. Den Ballon an dem Band zum Trocknen aufhängen, z. B. über einen Besenstiel. In der Zwischenzeit den zweiten Ballon nach der gleichen Methode bekleben und zum Trocknen aufhängen. Erst wenn das Transparentpapier völlig getrocknet ist, werden die Ballons mit einer Nadel zum Platzen gebracht. Mit einer Nadel jeweils an 2 gegenüberliegenden Stellen Löcher in die Lampions stechen und den Deko-Draht als Aufhängung befestigen.

Tipp: Das Ende der Trocknungsphase ist erreicht, wenn der Ballon sich vom Lampion zu lösen beginnt. Nicht verzweifeln: Das kann schon mal 2–4 Tage dauern.

Material

Gepresste Blüten und Blätter (z. B. Gänsefingerkraut und Vogelknöterich)

1–2 Bögen Transparentpapier

Tapetenkleister

2 Luftballons

Schüssel

Tasse

Löffel

Band oder Kordel

Nadel

Deko-Draht

Herbst

Herbst

Ein letztes sattes **Aufflackern der Natur.** Rote Äpfel *leuchten von den Bäumen* und wecken **unsere Sammelleidenschaft.** Jetzt wird eingekocht *und hübsch dekoriert.*

Süßes für die Gesundheit

Holunderbeeren-Sirup

Zutaten

1 kg Holunderbeeren (ca. 25–35 Dolden)

500 ml Wasser

20 g Löwenzahnwurzel

1 Bio-Zitrone

Daumendickes Stück Ingwer

2 Zimtstangen

750 g Rohrohrzucker (oder weißer Zucker)

Utensilien

Gabel

Topf

Messer

Kochlöffel

Sieb

Mulltuch

Flaschen zum Abfüllen

So geht's

1. Die Holunderdolden waschen und abtropfen lassen. Die Beeren mit einer Gabel oder mit den Fingern abstreifen, 1 kg abwiegen. Die Holunderbeeren zusammen mit dem Wasser in einen großen Topf geben.

2. Die Löwenzahnwurzel mit einer Bürste unter Wasser säubern und in kleine Stücke schneiden. Die Zitrone und der Ingwer werden in Scheiben geschnitten und mit den Zimtstangen zum Holunder gegeben. Alles zusammen 20 Minuten köcheln lassen, dabei immer wieder umrühren. Vorsichtig, es schäumt beim Kochen!

3. Nun alles durch ein Sieb passieren und gut abtropfen lassen. Falls nötig, sollte die Flüssigkeit nochmals durch ein Sieb mit Mulltuch gefiltert werden.

4. Jetzt wird alles zurück in den ausgespülten Topf gegeben, mit dem Zucker vermischt und zu einem Sirup eingekocht. Das Sirup noch heiß in die vorbereiteten Flaschen abfüllen – fertig!

Tipp: Zur Herbst- und Winterzeit empfiehlt es sich, jeden Morgen 1 EL Holunderbeeren-Sirup zur Stärkung des Immunsystems einzunehmen. Und noch ein Tipp zur Ernte: Die Löwenzahnwurzel lässt sich gut mit einem Unkrautstecher aus dem Boden holen. Wurzelstücke von Großer Klette und Engelwurz eignen sich ebenfalls, um aus dem Sirup einen Gesundheitstrank nach Hexenart zu brauen!

HOLLER
BEER
FLIEDER
BEER

Nascherei am Feuer

Apfel-Deko zum Grillen

Material

4 Äpfel mit Stiel und Blatt
4 Etiketten
Buchstabenstempel
Locher
Deko-Draht
Zimt
Zucker
Alufolie
4–8 TL Butter

So geht's

1. Die Etiketten mit den Namen der Gäste bestempeln. Dann ein Loch in jedes Etikett stanzen, ein Stück Draht durchfädeln und jeweils am Stiel eines Apfels befestigen. Nun werden die Äpfel als Willkommensgeschenk auf einem Teller platziert.

2. Zum Grillen Stiele und Blätter der Äpfel entfernen. Mit einem Apfelausstecher außerdem die Kerngehäuse ausstanzen. Die Äpfel vierteln und mit Zimt und Zucker bestreuen.

3. Aus der Alufolie werden kleine Schälchen gebastelt und je 1 TL Butter hineingegeben. Nun die Apfelviertel mit der Schalenseite nach unten dazulegen. Die Schälchen auf den Grill setzen und grillen.

4. Wenn die Unterseite der Äpfel weich geworden ist, werden sie umgedreht. Falls nötig, wird jeweils noch 1 TL Butter dazugegeben und die Äpfel auch von der anderen Seite gegrillt.

Tipp: Im Herbst, wenn zum »Abgrillen« eingeladen wird, ist die Apfelnascherei ein willkommener Abschluss der Grill-Saison! Und wenn der Winterpunsch am Lagerfeuer ruft, ist der gegrillte Apfel eine tolle Überraschung für Kinder.

JULE
JOHANN
MAX
LENI

Vitaminreiche Überraschung

Hagebutten-Chutney

Zutaten

250 g geputzte Hagebutten (ohne Stiel, Blüte und Kerne)

60 ml Olivenöl

4 große, rote Zwiebeln

2 Äpfel, in Würfeln

120 g Zucker

1 daumendickes Stück Ingwer

125 g Weißweinessig

125 ml Sherry süß

Pfeffer

Je ½ TL Zimt, Koriander und Nelke (gemahlen)

Utensilien

Topf

Schraubgläser

So geht's

1. Das Öl erhitzen, die in halbe Scheiben geschnittenen Zwiebeln darin anschwitzen. Nun die gewürfelten Äpfel dazu geben und mit anschwitzen.

2. Von den 120 g Zucker 3 EL abnehmen, zu den Äpfeln geben und etwas karamellisieren lassen.

3. Nun den restlichen Zucker, die Hagebutten, den klein geschnittenen Ingwer und alle weiteren Zutaten untermischen und alles etwa 30–45 Minuten einkochen lassen. Es soll eine dickliche Masse entstehen. Das fertige Hagebutten-Chutney in heiß ausgespülte Schraubgläser füllen und gleich verschließen. Im Kühlschrank ist es gut 4 Monate haltbar.

Tipp: Es lohnt sich, die Hagebutten zeitig im September oder spätestens im Oktober zu ernten – also noch bevor sie zu weich werden. Die Hagebutten der Hundsrose, aber auch die der Kartoffelrose sind bestens zur Verarbeitung geeignet. Etwa 450 g Hagebutten (das entspricht ca. 60–100 Stück) ergeben nach dem Entfernen von Stielen, Blüten und Kernen etwa 250 g. Das Ganze ist in der Tat eine recht mühsame Arbeit. Es macht mehr Spaß, wenn Sie sich Unterstützung von einer guten Freundin holen und gemeinsam einen Kochnachmittag einlegen!

CHUT
NEY

Bunter Herbstwald im Haus

Blätter-Zweige

So geht's

1. Die knorrigen Zweige grob mit dem weißen, matten Sprühlack ansprühen. Das geht am besten vor der Haustür oder bei geöffnetem Fenster, damit man die Dämpfe nicht einatmet. Die angesprühten Äste trocknen lassen und im Zinkgefäß arrangieren.

2. Die gepressten Blätter vorsichtig an ihren Stielen mit dem silbernen Deko-Draht umwickeln und an den Ästen befestigen. Die Enden des Drahts großzügig abschneiden. Mit etwas Masking-Tape ein Blatt an das Zinkgefäß kleben.

3. Eine kleine Glasflasche mit dem Deko-Draht umwickeln und eine Schlaufe zum Aufhängen formen. Dann die Flasche mit Wasser füllen, ein kleines Zweiglein mit roten Beeren hineingeben und das Ganze an einen der angesprühten Zweige hängen.

4. Nun noch die Kerzenhalter mit den Baumkerzen in die Zweige platzieren und fertig ist der etwas andere und lang haltbare Herbststrauß!

Material

Gepresste bunte Herbstblätter

Knorrige Zweige

Weißer Sprühlack, matt

Zinkgefäß

Deko-Draht, silber

Schere

Masking-Tape

Kleine Glasflasche

Kleines Zweiglein Apfelbeere (oder Hagebutte)

Kerzenhalter

Baumkerzen

ESSIG
ESSIG

Edel und fein

Holunderbeeren-Essig

So geht's

1. Die Holunderdolden waschen und abtropfen lassen. Die Beeren mit einer Gabel oder mit den Fingern abstreifen und 1 kg abwiegen. Nun die Holunderbeeren in einen Topf geben und mit der Gabel etwas andrücken, den Weißweinessig angießen.

2. Die Vanilleschoten aufschneiden und das Mark auskratzen. Die Wacholderbeeren im Mörser leicht zerstampfen und gemeinsam mit dem Mark und den ausgekratzten Schoten ebenfalls zu den Beeren in den Topf geben. Nun das Ganze aufkochen.

3. Die entstandene Mischung mit leicht geöffnetem Deckel abkühlen und dann zwei Tage zugedeckt ziehen lassen.

4. Den Holunderbeeren-Essig über ein Sieb abgießen und die Beeren gut ausdrücken. Die Flüssigkeit ein zweites Mal durch ein Sieb mit Mulltuch filtern. Den fertigen Essig in Flaschen abfüllen.

Tipp: Dolden mit Holunderbeeren lassen sich wunderbar in einem Eimer waschen: Die unreifen Beeren schwimmen obenauf – und auch die kleinen Tierchen kommen zur Wasseroberfläche und können so von uns gerettet werden. Unerwünschte Schmutzpartikel sinken auf den Eimerboden ab.

Zutaten

1 kg Holunderbeeren (ca. 25–35 Dolden)

1 l Weißweinessig

2 Vanilleschoten

10 Wacholderbeeren

Utensilien

Gabel

Topf

Messer

Mörser

Kochlöffel

Sieb

Mulltuch

Flaschen zum Abfüllen

Herbstliche Versammlung

Mooskranz mit Kastanien und Eicheln

Material

Reichlich Moosplatten

Eicheln

Kastanien (z. T. auch mit Fruchtbecher)

Kleine Zweige mit Hagebutten der Vielblütigen Rose *(Rosa multiflora)*

Kranz-Rohling

Deko-Draht

Kariertes Band

Heißklebepistole

So geht's

1. Den Kranz-Rohling mit Moosplatten umwickeln und dabei mit Deko-Draht fixieren.

2. Das Band als spätere Aufhängung am Kranz befestigen – an dieser Stelle wird auf weitere Dekoration verzichtet.

3. Die Heißklebepistole vorheizen, dann einige Eicheln in ihren Hütchen (auch Fruchtbecher genannt) festkleben. Sie würden sonst im Laufe der Zeit herausfallen. Nach eigenem Geschmack die Kastanien, einige ihrer stacheligen Fruchtbecher sowie die Eicheln mit und ohne Fruchtbecher auf dem Kranz verteilen und festkleben.

4. Als Abschluss die kleinen Zweige mit Hagebutten in den Kranz stecken oder gegebenenfalls auch ankleben. Der Kranz kann als Tür- oder Wandkranz am Band aufgehängt werden – und ist auch für draußen gut geeignet!

Tipp: Es können Kranz-Rohlinge aus Stroh, Styropor oder Weide genutzt werden. Wenn sie den fertigen Kranz im Haus aufbewahren, sollten Sie das Moos ab und an mit etwas Wasser besprühen – so bleibt das Grün länger erhalten.

Knusprig, saftig, lecker!

Apfel-Walnuss-Brot

Zutaten

80 g getrocknete Apfelringe

100 g Walnüsse

125 ml Milch

1 Würfel Hefe

3 TL Honig

250 g Dinkelvollkornmehl

250 g Weizenmehl (Typ 405)

125 ml Apfelsaft

2 TL Salz

Utensilien

Kleiner Topf

Große Schüssel

Holzlöffel

Küchentuch

So geht's

1. Die Milch erwärmen, von der Kochstelle nehmen und die Hefe darin auflösen. Dann den Honig dazugeben.

2. Beide Mehlsorten in die Schüssel sieben, in die Mitte des Mehlhaufens eine Mulde drücken. Nun die Milch-Hefe-Honig-Mischung in die Mulde schütten und dort mit einem Holzlöffel mit einem kleinen Teil des Mehls verrühren.

3. Den Apfelsaft mit dem Salz am Schüsselrand angießen. Die Schüssel mit einem Küchentuch abdecken und an einem warmen Ort 20 Minuten gehen lassen. Dann alles gut und kräftig durchkneten, bis ein geschmeidiger Teig entstanden ist. Wenn der Teig zu sehr klebt, können Sie mit etwas Mehl nachhelfen. Den fertigen Teig zugedeckt 45 Minuten gehen lassen.

4. In der Zwischenzeit die Apfelringe klein schneiden sowie die Walnüsse knacken und grob hacken. Nach den 45 Minuten beide Zutaten in den Teig einarbeiten und zu einem Brot formen. Das Brot wiederum 45 Minuten gehen lassen. Währenddessen den Backofen auf 180 °C vorheizen. Dann 1 Tasse Wasser und das Brot in den Ofen stellen, das Ganze etwa 35 Minuten backen.

Tipp: Walnüsse sind reif, wenn sie vom Baum fallen und sich aus ihrer Schale lösen. Zu dieser Zeit können Sie beinahe täglich ernten. Die gesammelten Walnüsse mit einer trockenen Bürste vom Schmutz befreien und dann einige Tage in der Wohnung trocknen lassen.

Gesundes Naschwerk

Getrocknete Apfelringe

Zutaten

Äpfel alter Streuobstwiesen mit viel Geschmack (z. B. Ingrid Marie)

1 Zitrone

Wasser

Utensilien

Zitronenpresse

Schüssel

Scharfes Messer

Backbleche

Backpapier

Holzlöffel

Evtl. Dörrgerät

So geht's

1. Die Zitrone auspressen und in einer Schüssel mit etwas Wasser mischen.

2. Die Äpfel samt der Schale in etwa 2 mm dicke Ringe schneiden und gleich in das Zitronenwasser legen. Es soll verhindern, dass die Apfelringe braun werden.

3. Den Backofen auf 50 °C erhitzen. Die Backbleche mit Backpapier auslegen und mit den Apfelringen belegen. Nun das Ganze in den Backofen schieben und die Tür mithilfe eines Holzlöffels geöffnet lassen. Die Apfelringe nun einige Stunden – oder auch über Nacht – trocknen lassen. Die Ringe dabei ab und an wenden. Wer ein Dörrgerät besitzt, kann die Trocknungszeit damit verkürzen.

4. Der Trocknungsvorgang ist beendet, wenn beim Aufschneiden eines Apfelrings kein saftiges Fruchtfleisch mehr zu sehen ist. Die Konsistenz sollte ledrig sein und auf Druck leicht nachgeben.

Tipp: Äpfel mit roter Schale sehen generell nach dem Trocknen hübscher aus. Auf dekorative Bänder aufgefädelt, sind die getrockneten Apfelringe ein pfiffiges kulinarisches Gastgeschenk. Ist Besuch im Anmarsch, können Sie auch als herbstliche Platzkärtchen Bänder mit Namensschildchen an die Apfelringe anbringen und dann um die Servietten wickeln. Oder Sie verarbeiten die Ringe zu einem leckeren Apfel-Walnuss-Brot (Rezept Seite 82) weiter!

Feuerwerk der Farben

Kürbis-Vase

Material

1 großer Halloweenkürbis

2 kleinere Halloweenkürbisse

Herbstblüten aller Art (hier: Aster, Phlox, Herbstanemone, Pfaffenhütchen, Holunderbeeren, Samenstand der Wilden Karde, Hagebuttenzweig, Rose, Stockrose)

Teppichmesser, Skalpell oder kleine Stichsäge

Verschieden große Wassergläser

Löffel

Sand

Kerze

So geht's

1. Den Deckel der Kürbisse abschneiden bzw. absägen und die Kürbisse mit einem Löffel aushöhlen.

2. In den großen ausgehöhlten Kürbis ein entsprechend großes Glas stellen, dieses mit Wasser füllen und den Herbststrauß darin arrangieren. Genauso mit einem der kleineren Kürbisse verfahren und diesen ebenfalls mit einem Blumenarrangement im Glas schmücken.

3. Der kleinste Kürbis wird mit Sand befüllt, sodass die Kerze darin Halt findet. Die Pfaffenhütchen verdecken geschickt den Sand, müssen allerdings täglich erneuert werden. Wem das zu umständlich ist, der wählt stattdessen einfach einen Kranz aus Hagebutten.

HASEL
NUSS
MUS

Schoko-Nuss-Verführung

Haselnuss-Mus

So geht's

1. Die Haselnüsse in einer beschichteten Pfanne fettfrei anrösten. Unbedingt dabeibleiben, damit die Nüsse nicht zu dunkel anrösten. Sie sollen einen feinen Duft bekommen.

2. Die Nüsse etwas abkühlen lassen und mit den Fingern oder mit einem Tuch möglichst viel der braunen Haut abreiben, sodass viel helle Nuss zurückbleibt. Nun die Nüsse völlig erkalten lassen.

3. Die Nougatschokolade im Wasserbad schmelzen. Dabei darauf achten, dass die Temperatur nicht zu hoch wird. Dann den Zucker und die Milch zur warmen Schokolade geben.

4. Zum Schluss noch die Butter in der warmen Masse schmelzen. Das fertige Mus in die Schraubgläser abfüllen und im Kühlschrank erhärten lassen. Es ist etwa 3 Wochen haltbar – aber in der Regel schon vorher aufgebraucht!

Tipp: Anstelle der Nougatschokolade kann man natürlich auch Schokolade mit 70 % Kakaoanteil verwenden.
Haselnüsse fallen vom Baum, wenn sie reif sind. So kann man sie nach und nach vom Boden auflesen und dann verwerten. Sollten ihre Schalen schmutzig sein, können Sie sie mit einem trockenen Tuch abreiben und dann trocken lagern.

Zutaten

100 g Haselnüsse (ohne Schale)
250 g Nougatschokolade
40 g Zucker
160 ml Milch
150 g Butter (zimmerwarm)

Utensilien

Beschichtete Pfanne
Topf
Edelstahlschüssel
Schraubgläser

Kleine Mondscheiben

Silberblatt-Herzchen

So geht's

1. Das Band als Erstes am Draht-Herz verknoten, damit die Silberblatt-Dekoration drumherum angebracht werden kann.

2. Mit dem Deko-Draht die erste Silberblatt-Schote am kleinen Stielausläufer umfassen und an das Herz knoten. Nach und nach vorarbeiten, bis das ganze Deko-Herz mit silbrigen Schoten verziert ist. Dies ist eine kleine Konzentrationsarbeit, aber der Aufwand lohnt sich!

3. Am Ende wird auch die Lampionblume am Stielende mit dem Draht umwickelt und am Deko-Herz befestigt. Fertig!

Tipp: Man braucht ein paar mehr Schoten des Silberblatts zur Auswahl, da doch hier und da der Stiel oder die dünne Scheidewand bricht. Stellen Sie unbedingt Kerzen in der Nähe des Silberblatt-Herzchens auf – das Licht spiegelt sich besonders zauberhaft darin!

Material

Mehrere silbrige Schoten des Einjährigen Silberblatts *(Lunaria annua)*

1 Kelch der Lampionblume *(Physalis alkekengi)*

Vorgefertigtes Draht-Herz (aus dem Bastelbedarf)

Band

Deko-Draht

Outdoor-Spielerei

Magnetwand – 3 gewinnt!

Material

(Altes) Holzbrett
Bohrer
Magnetfarbe
Tafellack
Heißkleber
Magnetscheiben
Eicheln
Kastanien
Kreide
Kordel
2 Nägel
Hammer

So geht's

1. Das Holzbrett für die Befestigung oben an 2 Stellen anbohren.

2. Nun das Brett mit der Magnetfarbe nach Anweisung lackieren und trocknen lassen. Dann das Ganze mit dem Tafellack überstreichen und ebenfalls entsprechend der Hersteller-Vorgaben trocknen lassen.

3. Mit Heißkleber jeweils 3 Magnetscheiben mit Kastanien und 3 mit Eicheln bekleben. Die Eicheln in ihren Hütchen ebenfalls mit etwas Kleber befestigen, da sie sonst im Laufe der Zeit herausfallen.

4. Mit Kreide das Spielfeld aufmalen und die Kordel durch die 2 Löcher ziehen und verknoten. Mit 2 kleinen Nägeln und Hammer lässt es sich nun problemlos aufhängen. Das Spielbrett kann als kreatives Mitbringsel verschenkt werden – oder es findet seinen Platz bei Ihnen zu Hause an einer Wand oder draußen an einer Schuppentür. Und los geht's: 3 gewinnt!

Tipp: Die Kastanien und Eicheln lassen sich dank des Heißklebers auch problemlos wieder von den Magnetscheiben lösen. So könnten Sie stattdessen beispielsweise im Sommer gesammelte Muscheln aufkleben

elerei

»Davon will ich mehr«-Soße!

Würzsoße mit Holunderbeeren

Zutaten

1,5 kg Holunderbeeren (entspricht ca. 50 Dolden)

150 g Zwiebel

1 daumendickes Stück Ingwer

150 g brauner Zucker

½ TL gemahlene Nelken

1 TL schwarze Pfefferkörner

Salz

2 Sternanis

200 ml Weißweinessig

Evtl. ca. 50 g Gelierzucker (1:1)

Utensilien

Gabel

Großer Topf

Messer

Kleine Reibe

Sieb

Flaschen zum Abfüllen

So geht's

1. Die Holunderdolden waschen und abtropfen lassen. Die Beeren mit einer Gabel oder mit den Fingern abstreifen. Insgesamt 1,5 kg abwiegen und die Beeren in einen großen Topf geben.

2. Die Zwiebel würfeln, den Ingwer reiben und mit den restlichen Zutaten – außer dem Gelierzucker – ebenfalls in den Topf geben. Alles zusammen etwa 45–60 Minuten einkochen lassen.

3. Die Beerenmasse durch ein Sieb passieren und nochmals aufkochen lassen. Sollte die Soße nun noch zu dünnflüssig sein, wird sie mit etwa 50 g Gelierzucker angedickt und weitere 4 Minuten gekocht.

4. Die fertige Soße heiß in die vorbereiteten Flaschen füllen.

Tipp: Diese Soße ist eine süß-säuerliche, würzige Köstlichkeit und passt beispielsweise hervorragend zu gebackenem Hokkaido-Kürbis mit Kräuterschmand.

HOLUN
DER
BEER
WÜRZ
SAUCE

Leuchtendes Herbstlicht

Lampion-Kranz

So geht's

1. Mit dem Deko-Draht durch die Kelche der Lampionblume stechen und auf diese Weise einen Kranz formen.

2. Die Drahtenden des Kranzes miteinander verdrehen und abschneiden. Deko-Draht lässt sich einfach mit handelsüblichen Scheren bearbeiten.

3. Nun wird das Band durch den Kranz gefädelt, gut um das Glas gezurrt und verknotet.

4. Um die Farben des Herbsts hochleben zu lassen, passt eine rosa- bis magentafarbene Kerze schön ins Arrangement. Die Hagebutten noch um die Kerze herum auf den Boden des Weckglases streuen – und fertig ist das Herbstlicht!

Material

Ca. 7 Kelche der Lampionblume

Hagebutten von Hund- und Kartoffelrose

Deko-Draht

Schere

Rotes Band

Hohes Weckglas

Rosa- oder magentafarbene Kerze

Winter

Draußen **vor der Haustür** ist es stiller geworden. Der gesammelte Vorrat wird jetzt *kreativ genutzt* und weihnachtlich inspiriert zu **Kränzen und Gebäck verarbeitet.**

Wild at heart

Holunderblüten-Plätzchen

Zutaten

Ca. 75 g Holunder-blüten-Gelee

200 g Butter

100 g Zucker

1 Prise Salz

2 Eigelbe

1 Vanilleschote

300 g Mehl

100 g gemahlene Mandeln

Puderzucker zum Bestäuben

Utensilien

Messer

Rührschüssel

Plätzchenausstecher in Blütenform

Backblech

Backpapier

Kuchengitter

Kleiner Topf

Kleiner Löffel

So geht's

1. Die Butter würfeln und in die Schüssel geben, dann mit dem Zucker, dem Salz, den 2 Eigelben und dem ausgekratzten Vanillemark vermischen.

2. Nun noch das Mehl in die Schüssel sieben und alles zusammen mit den gemahlenen Mandeln zu einem homogenen Teig verkneten.

3. Aus dem Teig werden mit den Händen etwa walnussgroße Kugeln geformt. Diese jeweils zwischen den Handflächen zu einem Fladen drücken. Mit dem Plätzchenausstecher werden aus den Mini-Fladen Blüten ausgestochen (eventuell muss die Arbeitsfläche zuvor etwas bemehlt werden). In die Blütenmitte jeweils mit dem Daumen vorsichtig eine Mulde drücken. Nun werden die Blüten auf ein mit Backpapier ausgelegtes Backblech gelegt und im vorgeheizten Backofen bei 175 °C (Ober/Unterhitze) etwa 15 Minuten gebacken.

4. Die noch warmen Plätzchen mit Puderzucker bestäuben und auf einem Kuchengitter auskühlen lassen.

5. Das Holunderblüten-Gelee in einem Topf erwärmen und in die kleinen Mulden füllen. Achtung: Diese Plätzchen machen abhängig!

Draußen vom Walde …

Kiefernkranz

Material

Kiefernzapfen
Sprühlack, weiß, matt
Kranz-Rohling aus Stroh
Band
Heißkleber

So geht's

1. Von den Kiefernzapfen den Stielansatz abbrechen (das geht ganz einfach per Hand), sodass sie eine bessere Auflagefläche erhalten. Nun die Zapfen mit Sprühlack leicht weiß ansprühen und trocknen lassen.

2. Den Kranz-Rohling aus Stroh ebenfalls weiß ansprühen und trocknen lassen. Dann das Band um den Kranz legen und verknoten.

3. Mit der Heißklebepistole zuerst auf der höchsten Stelle des liegenden Kranzes einen engen Kreis aus weißen Kiefernzapfen kleben. Dann den inneren und den äußeren Rand des Kranzes ringförmig bekleben, dabei möglichst immer versetzt arbeiten. Das Band sollte optisch von den Zapfen verdeckt werden, aber etwas Platz zum Bewegen haben.

4. Bei der hintersten Reihe, die später zur Wand zeigen wird, reicht es aus, die Zapfen nur noch in die Lücken der vorherigen Reihe zu kleben.

Tipp: Es braucht etwas Geduld, bis der Heißkleber fest geworden ist und die Kiefernzapfen gut halten. Bewegen Sie den Kranz bis dahin möglichst wenig.

Kulinarisches Versprechen

Menükarte mit Zweigen

Material

Kleine Zweige der Erle
Bemooste Zweige (z. B. von Obstbäumen)
Gartenschere
Heißklebepistole
Karten aus farbigem Karton (postkartengroß)
Etwas Karton in ähnlicher Farbe
Motivstanzer Schneekristall
Stopfnadel
Küchengarn
Stift

So geht's

1. Die bemoosten Zweige für das Tannenbaummotiv mit der Gartenschere auf die entsprechenden Größen bringen und mit der Heißklebepistole auf eine Karte aufkleben.

2. Einen schönen kleinen Erlenzweig aussuchen und auf eine weitere Karte aufkleben.

3. Mit dem Motivstanzer 2 Schneekristalle aus einem Karton (in ähnlicher Farbe wie die der Karten) ausstanzen und beschriften. Mit einer Stopfnadel je ein kleines Loch vorstechen, etwas Küchengarn durchfädeln und verknoten. Die Kristalle damit an den Zweigen der Menükarten befestigen.

Tipp: Natürlich können Sie diese winterlichen Karten auch für andere Zwecke verwenden, beispielsweise als Platzkarten. Ein persönlicher Gruß auf der Innenseite heißt die Gäste willkommen.

Menü
Menü

Von Bären bevorzugt

Honiglikör

Zutaten

500 g Akazienhonig
2 Päckchen Vanillezucker
500 ml Wodka
1 Bio-Zitrone
1 Bio-Orange
2 Vanilleschoten
2 Stangen Zimt
2 Gewürznelken

Utensilien

Topf
Ansatzgefäß aus Glas
Messer
Sparschäler
Sieb
Flaschen zum Abfüllen

So geht's

1. Den Honig in einem Topf erwärmen, aber nicht zum Kochen bringen. Den Vanillezucker zugeben und im Honig auflösen. Das Ganze abkühlen lassen und dann mit dem Wodka in einem Ansatzgefäß mischen.

2. Mit dem Sparschäler die Schalen der Zitrone und der Orange abschälen und in das Ansatzgefäß geben. Das Mark aus den Vanilleschoten kratzen und zusammen mit den Schoten (die auch noch viel Aroma enthalten) sowie den restlichen Gewürzen zugeben.

3. Die Mischung 8 Tage durchziehen lassen und danach durch ein Sieb filtern. Jetzt kann der leckere Likör in Flaschen abgefüllt werden.

Tipp: Wenn der Likör zu viele Trubstoffe am Boden absetzt, kann man den klaren Teil über einen Schlauch abziehen und den trüberen Rest beispielsweise wunderbar für einen Panettone (Rezept Seite 109) nutzen.

Honiglikör

chers

Weihnachtlicher Kuchenschmaus

Panettone mit Honiglikör

So geht's

1. Den Honiglikör in eine Schüssel geben und mit dem Orangeat, dem Zitronat und den Rosinen 2 Stunden ziehen lassen. Dann das Mehl in eine separate Rührschüssel sieben, in die Mitte eine Mulde drücken und die Hefe hineinbröckeln. Nun 1 EL Zucker über die Hefe streuen und den Rest des Zuckers um die Mulde herum verteilen. Die Milch erwärmen und einen Teil der Milch zum Hefe-Zucker-Gemisch geben, den Rest der Milch ebenfalls an den Rand der Schüssel schütten. Mit einem Kochlöffel die Mischung in der Mulde verrühren und alles zugedeckt 20 Minuten an einem warmen Ort gehen lassen.

2. Die Eier, das Salz und die zerkleinerte Butter zur Mehlmischung geben und alles kräftig kneten. Den Marzipan in grobe Würfel schneiden und gemeinsam mit der Mischung aus Orangeat, Zitronat und Rosinen mit in die Rührschüssel geben. Alles gut verkneten, bis ein weicher Teig entsteht. Erneut das Ganze zugedeckt an einem warmen Ort 20 Minuten gehen lassen.

3. Nochmals den Teig kurz kneten und dann in die Backformen füllen. Formen aus Pappe müssen im Gegensatz zu herkömmlichen Backformen nicht eingefettet werden. Die Kuchen im vorgeheizten Backofen bei 160 °C (Umluft) etwa 20 Minuten backen. Etwa 30 g Butter auf den noch heißen Panettonen verteilen und einziehen lassen. Wer mag, kann mit einem Holzstäbchen in die Kuchen einstechen und sie noch mit Honiglikör tränken. Nach dem Abkühlen mit Puderzucker bestreuen.

Tipp: Die kleinen Kuchen können auch in Tassen gebacken werden, die dann gleich mit verschenkt werden!

Zutaten

100 ml Honiglikör

100 g Orangeat, 100 g Zitronat, 150 g Rosinen

450 g Mehl

1 Hefewürfel

100 g Zucker

125 ml Milch

6 Eier, 1 Prise Salz

200 g Butter

100 g Marzipan

30 g Butter

Evtl. etwas Honiglikör zum Tränken

Puderzucker

Utensilien

Schüssel, Rührschüssel

Sieb, Kochlöffel

Muffin- oder andere kleine Backformen

Evtl. Holzstäbchen

Kleines Sieb für Puderzucker

Zauberhaftes Schneelicht

Eis-Laterne

Zutaten

Blütenstängel der Christrose

Mistelzweige

Zweige der Stechpalme *(Ilex aquifolium)* mit Beeren

Unterschiedlich breite Kunststoffgefäße

Destilliertes Wasser

Sand

Klebeband

Teelicht

So geht's

1. In das breitere Gefäß wird eine etwa 2 cm dicke Schicht destilliertes Wasser gegossen und zum Gefrieren gebracht. Diese ergibt später den Boden der Laterne.

2. Das schmalere Gefäß mit Sand füllen, damit es eine gewisse Schwere erreicht. Nun wird es im größeren Gefäß platziert und mit einem Klebeband fixiert.

3. Nun den Zwischenraum der Gefäße mit destilliertem Wasser aufgießen und die Blütenstängel und Zweige darin arrangieren. Wiederum das Wasser gefrieren lassen.

4. Zum Abschluss den Klebestreifen und den Sand aus dem kleineren Gefäß entfernen und dafür vorsichtig heißes Wasser hineinfüllen, damit es sich gut herauslösen lässt. Die Eis-Laterne mit einem Teelicht bestücken – und schon können Sie sich vom Winterlicht verzaubern lassen!

Schne

licht

Schönes neues Jahr!

Glücksnüsse

Material

Walnüsse
Mistelzweig
Kleine Wäscheklammern
Sprühlack, weiß, matt
Transparentpapier
Stift oder PC mit Drucker
Cutter und Lineal oder Papierschneidemaschine
Rot kariertes Band
Schere
Streichholz

So geht's

1. Die Walnüsse vorsichtig aufknacken, sodass sie möglichst in 2 gleiche Hälften getrennt werden. Die Walnusshälften und die kleinen Wäscheklammern weiß ansprühen und trocknen lassen.

2. Einige gute Wünsche in Schönschrift auf Transparentpapier schreiben. Wer möchte, kann natürlich auch PC und Drucker zur Hilfe nehmen. Einige Vorschläge: »Schöne Erfahrungen sollen Dich begleiten! / Liebe möge Dein Herz erfreuen! / Schön, dass es Dich gibt! / Wundervolle Erlebnisse heißen Dich willkommen! / Finde Zufriedenheit in allem, was ist! / Mut, Kraft und Güte liegen auf Deinem Weg!« Die Wünsche jeweils zu schmalen Papierstreifen zuschneiden.

3. Die karierten Bänder grob mit der Schere auf die gewünschten Längen bringen (hier etwa 25 cm) und bereitlegen. Mithilfe eines Streichholzes den ersten Papierstreifen klein aufrollen und in einer Walnusshälfte platzieren. Dabei einen Teil des Papierstreifens herausspitzen lassen. Die passende andere Walnusshälfte auflegen und die Nuss mit einem Stück karierten Band verknoten.

4. Die Nüsse mithilfe der Bänder und der Wäscheklammern am Mistelzweig befestigen. Die guten Wünsche werden später einfach aus den Nüssen herausgezogen oder vom Ast abgenommen.

Tipp: Diese Idee lässt sich auch wunderbar zum Adventskalender erweitern! Für den Eigengebrauch darf man übrigens Misteln ernten. Die Mistel galt schon bei den Kelten als heilige Pflanze, die eine magische Wirkung besaß. So sollte sie vor bösem Zauber schützen und wurde als Allheilmittel verwendet.

Elfengleich

Erlenkranz mit Kiefernzapfen

So geht's

1. Die Kiefernzapfen weiß ansprühen und trocknen lassen.

2. Mit dem Deko-Draht werden die Erlenäste um den Metallring gebunden. Hier und da können einzelne Ästchen hineingesteckt werden, falls sich Lücken auftun.

3. Mithilfe des Deko-Drahts eine Aufhängung am Kranz anbringen und ihn aufhängen. Die Kerzenhalter mit Kerzen an den Kranz klemmen.

4. Nun die erste Metallöse einfach per Hand in die Unterseite eines Kiefernzapfens drehen. Durch diese wird ein längeres Stück Küchengarn durchgefädelt, nach Geschmack wird es vor dem Verknoten der Enden noch zusätzlich mit Perlen verziert. Mit den anderen Zapfen ebenso verfahren. So kann der Kranz nach Lust und Laune mit Zapfen- und Metallanhängern weihnachtlich geschmückt werden.

Tipp: Anstelle eines gekauften Metallrings aus dem Bastelbedarf kann man sich natürlich auch selber aus Draht einen Ring herstellen, an dem die Erlenzweige befestigt werden.

Zutaten

Kiefernzapfen
Äste der Erle mit Zapfen
Sprühlack, weiß, matt
Deko-Draht, silber
Metallring (Bastelbedarf)
Kerzenhalter
Baumkerzen
Metallösen
Küchengarn
Perlen
Metallanhänger

Des Vogels Wonne

Vogelfutter selbst gemacht

So geht's

1. Das Kokosfett in einem Topf zum Schmelzen bringen und dann wieder abkühlen lassen.

2. Nun die Beeren und das Vogelfutter zugeben und soweit abkühlen lassen, bis eine festere Masse entstanden ist.

3. Die Küchenschnur für das Umwickeln und Aufhängen der Tannenzapfen zuschneiden. Nun jeweils ein Stück Schnur zwischen den unteren Zapfenschuppen entlangführen und die Enden verknoten. Die Netze werden zu Quadraten oder Rechtecken zurechtgeschnitten.

4. Die Zapfen in eine Schale legen und mit den Händen das Futter-Fett-Gemisch in jeweils eine Hälfte des Zapfens einarbeiten. Das Ganze im Kühlschrank erhärten lassen und dann die zweiten Hälften nach dem gleichen Schema mit Futter füllen.

5. Für die Meisenknödel werden aus dem restlichen Futter-Fett-Gemisch mit den Händen Kugeln geformt. Diese in die vorbereiteten Netze legen, mit etwas Küchenschnur zubinden und in einer Schale oder auf einem Brettchen im Kühlschrank erhärten lassen.

Tipp: Die Tannenzapfen sollten vor der Verarbeitung kurz in der warmen Wohnung gelagert werden, damit sie ihre Schuppen öffnen.

Material

2 Tannenzapfen

30 g getrocknete Beeren (z.B. von Holunder, Feuerdorn, Apfeldorn, Apfelbeere, Vogelbeere oder Hagebutten)

150 g gemischtes Vogelfutter

250 g Kokosfett

Topf

Kochlöffel

Küchenschnur

Schere

3 Netze von Clementinen o. Ä.

Mehrere Schalen

Papier-Küchentücher

Wildkräuter im Porträt

Sie sollten immer nur Pflanzen sammeln, die Sie mit Sicherheit *erkennen und bestimmen können*. Ernten Sie bitte niemals eine Pflanze komplett ab – so hat sie die Chance, sich *wieder zu vermehren*!

Ackersenf *(Sinapis arvensis)*
Standort: Brachland, Äcker, Gärten
Sammelgut/-zeit: Blätter, Blüten, Triebe und Samen von Mai bis Oktober
Geschmack: würzig, scharf

Bärlauch *(Allium ursinum)*
Standort: feuchte, lichte Laubwälder, Auwälder mit humusreichem Boden. Lässt sich auch gut im heimischen Garten bei passendem Standort anpflanzen.
Sammelgut/-zeit: Blätter vor der Blüte von März bis Mai (die Blüten sind aber auch essbar). Die Zwiebeln im Sommer und Herbst.
Geschmack: knoblauchartig
Achtung: Der Bärlauch wird leicht mit den giftigen Blättern des Maiglöckchens, der Herbstzeitlosen und des Aronstabs verwechselt – aber nur die Blätter des Bärlauchs duften beim Zerreiben nach Knoblauch.

Beifuß *(Artemisia vulgaris)*
Standort: Weg- und Gebüschränder, Brachland, Böschungen
Sammelgut/-zeit: junge Triebe mit noch geschlossenem Blütenstand von Mai bis August (danach werden sie zu holzig)
Geschmack: herb, leicht bitter

Beinwell *(Symphytum officinale)*
Standort: nasse Wiesen, Wegränder, Gräben, Bachufer
Sammelgut/-zeit: junge Triebe und Blätter von April bis August, auch die Blüten sind wohlschmeckend. Die Verwechslung mit dem giftigen Fingerhut lässt sich durch das Zerreiben der Blätter vermeiden: Beinwellblätter riechen nach Gurke und sind rau.
Geschmack: leicht gurkig

Echter Steinklee *(Melilotus officinalis)*
Standort: Brachland, Wegränder, Böschungen
Sammelgut/-zeit: Blütenstängel von Mai bis September. Das enthaltene Cumarin verleiht dem Kraut nach dem Trocknen seinen würzig-süßen Duft.
Geschmack: Echter Steinklee wird als Duftpflanze zur Aromatisierung sowie zur Dekoration genutzt und auch als Heilkraut verwendet.

Gänseblümchen *(Bellis perennis)*
Standort: Wiesen, Weiden, Parkrasen, Grünflächen
Sammelgut/-zeit: junge Blätter und Blüten während des ganzen Jahres, sie sind sehr häufig und weit verbreitet
Geschmack: mild, schwach würzig, leicht nussig, wenig bitter, leicht herb

Gänsefingerkraut *(Potentilla anserina)*
Standort: Wiesen, Wegränder, Brachland
Sammelgut/-zeit: junge Blätter und Blüten von Mai bis August
Geschmack: herb, leicht bitter

Giersch/Geißfuß *(Aegopodium podagraria)*
Standort: Gärten, feuchte Gebüsche, Waldränder, Flussufer

OBEN: **Die Blüten des Beinwells sind eine herrliche Salatdekoration. Seine Blätter lassen sich – wie im Brennnessel-Chips-Rezept (S. 25) beschrieben – mit einem Bierteig in heißem Fett ausbacken.**

Sammelgut/-zeit: junge, zarte, glänzende Blätter, fast das ganze Jahr über. Giersch erkennt man gut am rötlich auslaufenden Stängel, der hohl und gerillt ist, sowie an seinen dreizählig gefiederten Blättern. Beim Zerreiben der Blätter duftet er nach Karottengrün.
Geschmack: Giersch lässt jedes Wildkräuterherz höher schlagen! Sein Geschmack ist würzig-aromatisch und ähnelt dem Duft von Karottengrün oder dem Geschmack von Petersilie.

Gundelrebe/Gundermann
(Glechoma hederacea)
Standort: feuchte Wiesen, lichte Laub-, Misch- und Auwälder, Gärten
Sammelgut/-zeit: junge Blätter und Triebe von April bis Juni, gerne auch zur Blütezeit
Geschmack: stark würzig und harzig, es ist daher eher ein Würzkraut. Beim Zerreiben der Blätter verströmt die Gundelrebe ihren typischen, mit ätherischen Ölen getränkten Duft – und danach schmeckt sie auch.

Haselnuss *(Corylus avellana)*
Standort: Hecken, Wald- und Wegränder, Böschungen
Sammelgut/-zeit: Nüsse ab September, wenn sie vom Baum abfallen und sich bereits bräunlich färben. An einem trockenen Ort nachreifen lassen.
Geschmack: nussig

Hundsrose, Heckenrose *(Rosa canina)*
Kartoffelrose *(Rosa rugosa)*
Standort: als Hecke an Weg- und Waldrändern, Gebüsche
Sammelgut/-zeit: die Blüten von Mai bis Juli, die Hagebutten von Ende September bis Oktober
Geschmack: Die Blüten schmecken zart rosig bis intensiv blumig, die Hagebutten säuerlich aromatisch bis vanilleartig.

Schwarzer Holunder *(Sambucus nigra)*
Standort: Waldränder, Heckenlandschaften
Sammelgut/-zeit: die Blüten im Mai und Juni, die Beeren im August und September
Geschmack: Die Blüten sind stark duftend und schmecken süßlich, blumig.

Königskerze *(Verbascum densiflorum)*
Standort: Wegränder, Böschungen
Sammelgut/-zeit: die Blüten ab Juli bis September
Geschmack: süßlich-neutral (eine häufige Beimischung für Hustentees)

Knoblauchrauke *(Alliaria petiolata)*
Standort: auf feuchten Böden, Laubwälder, Hecken, Zäune
Sammelgut/-zeit: Blätter und junge Triebe von April bis Juni
Geschmack: als »kleine Schwester« (nicht botanisch) von Bär- und Knoblauch etwas knoblauchartig, etwas bitter, etwas scharf

Löwenzahn *(Taraxacum officinale)*
Standort: Wiesen
Sammelgut/-zeit: die jungen Blätter (besonders im Frühjahr), die Ansätze der Blütenknospen unten in der Blattrosette, die gezupften Blütenblätter zur Dekoration
Geschmack: leicht bitter, etwas herb. Der »Wildkräuteranfänger« kann die Blätter vor dem Verzehr etwa 1–2 Stunden in Wasser einlegen, das vermindert ihre Bitterkeit. Aber Bitterstoffe sind gesund!

Mädesüß *(Filipendula ulmaria)*
Standort: an Bachläufen, Uferböschungen, Gräben und feuchten Wiesen
Sammelgut/-zeit: Blätter, Blüten von Juli bis August
Geschmack: erinnert an den Geschmack von Mandeln

Rainfarn *(Tanacetum vulgare)*
Standort: Weg- und Waldränder, Böschungen, Ödland
Sammelgut/-zeit: Blätter und Blüten von Juli bis September. Sie werden eher zum Aromatisieren genutzt,

wir pflücken den ganzen Stängel zur Dekoration.
Geschmack: aromatisch bitter

Schafgarbe *(Achillea millefolium)*
Standort: Wiesen, Wegränder, Weiden
Sammelgut/-zeit: junge Blätter zum Verzehr vor der Blüte etwa im Mai. Die Blüte wird samt Stängel ab Juni geerntet und dann zur Dekoration oder als Heilpflanze verwendet.
Geschmack: herb, leicht bitter

Sauerampfer *(Rumex acetosa)*
Standort: Wiesen, Weiden, Uferböschungen
Sammelgut/-zeit: Blätter, Triebspitzen, Blütenknospen, Samen von Mai bis August. Wir nutzen hier die jungen Blätter und verwenden sie roh. Gekocht verlieren sie an Aroma und werden grau.
Geschmack: säuerlich frisch

Schmalblättriges Weidenröschen *(Epilobium angustifolium)*
Standort: Wald- und Gebüschränder, Brachland
Sammelgut/-zeit: Blätter, Blüten, Stängel, Wurzel (auch zum Verzehr geeignet) von Juni bis August

Spitzwegerich *(Plantago lanceolata)*
Standort: Wegränder, Rasenflächen, Weiden und Ödland
Sammelgut/-zeit: die jungen, saftigen Blätter ab Mai/Juni
Geschmack: grün, grasig, erdig

RECHTS: Gundelrebe (oben) und Knoblauchrauke (unten) sind köstliche Frühlingsschönheiten!

Vogelmiere *(Stellaria media)*
Standort: Wiesen, Äcker
Sammelgut/-zeit: das ganze Kraut fast das ganze Jahr über (die Stängel können etwas hart sein, evtl. nur die Blätter abzupfen). Vogelmiere ist sehr verbreitet und gut an den aufgestellten Härchen auf nur einer Seite des Stängels erkennbar.
Geschmack: nach jungem Mais, eines der schmackhaftesten Wildkräuter

Waldmeister *(Galium odoratum)*
Standort: schattige Laubwälder, oft ein Buchenwaldbegleiter
Sammelgut/-zeit: die Triebspitzen im April/Mai. Wenn Sie diese etwas antrocknen lassen, entfaltet sich der Duft und damit wird auch der Geschmack intensiver. Das enthaltene Cumarin kann in größeren Mengen Kopfschmerzen verursachen.
Geschmack: typischer Waldmeistergeschmack

Walnussbaum *(Juglans regia)*
Standort: tiefgründiger, mineralstoff- und kalkreicher Lehmboden – daher häufig Kultur im Garten
Sammelgut/-zeit: Nüsse ab Ende September. Die reifen Früchte fallen vom Baum und müssen nach und nach aufgesammelt werden. An einem trockenen Ort nachreifen lassen.
Geschmack: nussig

Weiße Taubnessel *(Lamium album)*
Standort: Weg- und Waldränder, Gebüsche, Brachland
Sammelgut/-zeit: Blätter und Triebspitzen, Blüten von April bis Oktober
Geschmack: Die Blüten haben eine süßliche Note. Die Blätter und die Triebspitzen können wie Brennnesseln verwendet werden.

Wiesenschaumkraut *(Cardamine pratensis)*
Standort: feuchte Wiesen, Uferböschungen und Gräben
Sammelgut/-zeit: junge Blätter, Blütenknospen und Blüten
Geschmack: scharf, leicht bitter

Wilde Malve *(Malva sylvestris)*
Standort: Brachland, Wegränder
Sammelgut/-zeit: die Blätter, Blüten, Knospen und Früchte von Mai bis Oktober
Geschmack: die Blätter und Blüten eher mild, die Früchte leicht nussig

LINKS: Die Vogelmiere zählt geschmacklich zu den feinsten Wildkräutern.
RECHTS: Der Sauerampfer ist sehr gut an seiner rechts und links spitz zulaufenden Blattform zu erkennen.

Alle Ideen auf einen Blick

Frühling

Sommer

Herbst

Winter

Adressen, die Ihnen weiterhelfen

Vor Ort kaufen bringt Freude! Geschäfte für Bastelzubehör wie Motiv-Locher, Stempel, Deko-Draht usw. gibt es in fast jeder Kleinstadt. Ein Blick in die Gelben Seiten hilft Ihnen bei der Suche! Und natürlich werden auch in den Deko-Abteilungen von Baumärkten Kranz-Rohlinge, Deko-Draht, Tafellack & Co. geführt.

Deko- und Bastelbedarf

lille hus (mit Ladengeschäft)
Barfüßerstraße 22
35037 Marburg
056 65 / 80 04 21
www.lille-hus.eu
(Accessoires, u. a. Artikel von Liv by tm-interior)

Marabu GmbH & Co. KG
Asperger Straße 4
71732 Tamm
Tel.: 01 71 41/ 69 10
www.marabu.de/kreativ
(Tafellack, Kreativfarben)

Nostalgie im Kinderzimmer (mit Ladengeschäft)
Herrenchiemseestraße 4
81669 München
Tel.: 089 / 30 90 43 80
(Geschirr, Accessoires)
www.nostalgieimkinderzimmer.de

Rayher Hobby GmbH
Fockestraße 15
88471 Laupenheim
Tel.: 073 92 / 700 50
www.rayher-hobby.de
(Bastelbedarf wie z. B. Deko-Garn, Motiv-Locher)

tm room 77
Eppendorfer Weg 77
20259 Hamburg
Tel.: 040 / 42 10 25 27
www.tmroom77.com
(Bänder, Geschenkpapiere, Accessoires, u. a. Artikel von Liv by tm-interior)

Online-Händler

www.amazon.de
(Bastelzubehör, Motiv-Locher, Stempel)

www.buttinette.com
(Bastelzubehör, Motiv-Locher, Stempel)

www.dawanda.com
(Online Marktplatz für Selbstgemachtes von Designern und Kreativen, u. a. Etiketten, Masking-Tape)

www.franks-home.de
(Etiketten, Stempel-Sets)

www.idee-shop.de
(Bastelzubehör, 36 Filialen in Deutschland)

www.koenigreich-der-stoffe.net
(Bänder, Borten, Stoffe)

www.pepelinchen.de
(Bänder, Stoffe, Nähzubehör, Masking-Tape)

www.stilkiste.de
(Anhänger, Bänder, Accessoires)

Danksagung

Ich danke meiner wundervollen Lektorin Sandra-Mareike Kreß für die kreative und gute Zusammenarbeit!

Über die Autorin

Mit diesem Buch verbindet **Anke Schütz** Beruf und Leidenschaft. Die erfolgreiche Lifestyle-Fotografin ist eine passionierte Kräuter-Fachfrau der Freiburger Heilpflanzenschule und verfügt über ein fundiertes Wissen zu Wildkräutern, Wildbeeren und Pflanzen im Allgemeinen. Der künstlerische Schwerpunkt von Anke Schütz liegt auf Food, Deko und Gartenfotografie. Ihre Bilder sind in renommierten Frauen- und Lifestylemagazinen zu finden.

Impressum

Bibliografische Information der Deutschen Nationalbibliothek
Die Deutsche Nationalbibliothek verzeichnet diese Publikation in der Deutschen Nationalbibliografie; detaillierte bibliografische Daten sind im Internet über http://dnb.d-nb.de abrufbar.

BLV Buchverlag GmbH & Co. KG

80797 München

Bildnachweis:
Alle Fotos von Anke Schütz

Umschlagkonzeption: Kochan & Partner, München
Umschlagfotos: Anke Schütz

Konzeption und Lektorat: Sandra-Mareike Kreß
Herstellung: Hermann Maxant
Layout und Satz: griesbeckdesign, München

Gedruckt auf chlorfrei gebleichtem Papier

Printed in Germany
ISBN 978-3-8354-1183-8

Hinweis
Das vorliegende Buch wurde sorgfältig erarbeitet. Dennoch erfolgen alle Angaben ohne Gewähr. Weder Autorin noch Verlag können für eventuelle Nachteile oder Schäden, die aus den im Buch vorgestellten Informationen resultieren, eine Haftung übernehmen.